U0457330

社区营造专业教研书系·本土案例系列

学委会成员

李培林　李　强　王　名　谢寿光　罗家德　周俊吉　沈　原　蔡　禾

编委会成员

罗家德（执行主编）　童根兴　梁肖月　谢蕊芬

社区营造专业教研书系

本土案例系列

协商自治·社区治理

学者参与社区实验的案例

SELF-ORGANIZATION AND COMMUNITY GOVERNANCE

Cases of Scholars' Participation in Community Revitalization

李强 等 著

社会科学文献出版社

SOCIAL SCIENCES ACADEMIC PRESS (CHINA)

李培林

代序　实现社区类型化，实验可复制、可推广*

台湾地区大约有 4000 个社区营造案例，成功的只有 20% 左右；在中国大陆，有 50 万～60 万个农村社区、9 万多个城市社区。把这些社区建设好，是使社会长治久安、人民安居乐业的重要事业。

近年来，我国学者开展了大量社区建设方面的实践和探讨。希望通过学者的努力，对以往的经验加以总结，在理论提升的同时，在学术上和实践上将案例打磨成优秀经验，实现社区类型化的目标。如何将社区类型化，是我们需要考虑的课题。比如，改革开放前的城市社区，基本分为街区制和单位大院两种类型。现在社区类型五花八门，如何用几种基本的类型将其概括，使社区具有几大类型的一般化特征，需要更高层次的理论提炼，进而可以将其复制并推广，在实施中产生良好的结果。

如果社区实验的结果，学者认为是有意义的，居民认为改变了其生活，政府觉得做得很好，就达到了学术研讨的目的。

＊　代序为中国社会科学院李培林副院长 2016 年 3 月 19 日在"第一届行动 – 干预社会学——主题：社区实验"研讨会议上的发言。

1

现在全国都如火如荼地在做社区治理实验，各地依据中央的精神也都强调培育社区社会组织，把"输血"型的社区服务变成"自我造血"型的社区服务。社区治理建基在自组织治理理论之上，这是信息时代复杂社会中最重要的一种治理模式。

对于西方所称的社区复兴（community revitalization），中国已有了自己新的实践，有的称社区建设，有的称社区治理，还有的称社区活化或社区营造，其实这些都是一个全世界共同的现象。在工业化社会之后，人类进入了后工业社会，进入了社会转型阶段，现在更为固定地将其称为"信息化社会"或"复杂社会"。进入复杂社会后，社会已经复杂到不再是靠由上而下的层级制就能够把事情想清楚；于是就产生了政府引导、民间自发、NGO帮扶，从而能够使社区自我组织、自我治理、自我发展，并在实际上解决目前我们称为最难解决的N座大山问题，包括社区环保、社区医疗、社区金融、社区市场、社区养老、社区育幼等，在此过程中逐渐让社区自组织来解决社区问题。

自组织在社区中就是社区社会组织，其功能不再是由上而下的管控，而是由下而上产生了很多子系统，这些子系统具有共同的愿景、共同的目标、共同的行为规范，最后形成了分工协作体系。子系统可以通过自我治理和自我发展的过程，形成自治理机制，进而能够形成整个系统的自我管理，以及靠着它们之间的协商，形成整个系统的自

序 信息时代复杂社会的社会治理探索 *

罗家德

---

* 序为罗家德教授2016年3月19日在"第一届行动－干预社会学——主题：社区实验"研讨会议上的发言。

我演化。

　　我们在过去做过的研究中发现，中国是一个能人社会。因此在整个自组织的过程中，在一个社区中，一定要找到外部能人、内部能人。要靠自上而下的力量，即政府力量，进行协商，透过能人的关系动员，形成小团体的凝聚，树立良好的社会规范，形成良好的社会认同、社区认同、社区规范，最终形成所谓自治理的信任机制、互惠机制、监督机制，以及各式各样的正式的法规和非正式的规范，要让这一社会子系统，能够自我治理，进而得到可持续的发展。

　　这正是社区营造的理论基础，也是新时代社会治理创新的真义所在。

协商自治·社区治理 _{学者参与社区} _{实验的案例}

第一章

社会学的清河实验
——社会再组织与社区提升

李　强[*]

一　案例背景

"清河实验"是社会学者在北京市清河地区进行的学术理论研究与社会治理实践工作相结合的社会科学实验。最早的清河实验是由老一代社会学家杨开道、许仕廉等人于1928年开创，当时的实验对清河地区的历史、地理、环境、人口、婚姻家庭、经济组织、政治、教育与宗教等方面做了一次全面普查工作，并产生了调研报告《清河——一个社会学的分析》（此报告由杨开道、许仕廉、步济时、张鸿钧、

[*]　李强，清华大学社会学系教授，兼任清华大学民生经济研究院院长、清华大学全球共同发展研究院常务副院长、清华大学老龄社会研究中心主任、清华大学当代中国研究中心主任。著有《多元城镇化与中国发展》《社会分层十讲》《农民工与中国社会分层》《当代中国社会分层：测量与分析》《城市化进程中的重大社会问题及其对策研究》《中国水问题：水资源与水管理的社会学研究》《当代中国社会分层与流动》《中国大陆的贫富差别》等。

余万等学者合著）。可惜的是，老清河实验由于日军入侵而被迫中断。后来，经过多次讨论，清华大学社会学系于2014年重新启动了清河实验，由李强教授带领课题组（以下简称清河课题组）进行基层社区治理的创新实验。

"新清河实验"认为，在社会治理的三个方面（政府、市场与社会）之中，目前最为突出的是社会发育不足、社区居民的主动参与性不足等难题，所以，实验的一个重要内容是探讨如何激发社会的活力以及搭建居民参与、共享的平台。

选择清河地区的原因有二。首先是地理优势。清河位于清华大学以北，相距约20分钟车程，距离较近。老清河实验时期，燕京大学杨开道等人选择这个实验区，很大程度上也是因为交通便利，有利于师生开展社会实验工作。

其次是清河具备社区类型多样化的特质。清河街道是典型的城乡结合部，在老清河实验时期，当时的清河还是乡村地区。而经过数十年的变迁，现在的清河已经完成城市化的转型。清河街道由28个社区居委会构成，包括村庄、城市及城乡结合部等，例如朱房社区就是典型的城乡结合部，由村委会和居委会共同治理，当地村民早已完成转型，当前社区内外来人口聚集，为居委会管理工作增加了许多难题。清河街道的28个社区，有较为落后的社区，当然也有较先进的社区，例如"小米"公司的开发总部，就坐落在朱房社区旁边，吸引了许多高精尖人才落户在此，带动周边地区的发展。除此之外，过去清河地区以毛纺业闻名中外，目前还有当时留下的单位制社区，这些社区正在经历转型的过渡时期。清华大学社会学系之所以选择该地区做社会学实验，除了有继承老清河实验的含义外，还因为该地区社区类型和人口构成极其复杂，既有高收入群体、高科技人才、商人，也有低收入外来打工者、从老城区迁移来的居民、传统意义上的"下岗职工"，甚至还有没转制的户籍农民。清河作为城乡结合部，目前内部发展十分不均衡，有多种复杂的空间类型，而这恰恰是中国社会转型的一个缩影。中国自改革开放以来，全国的社区都发生了极大变迁，社区类型异常多样化，而这些变迁几乎都可以在清河找到类似的踪影。所以，清河的变化也是中国几十年社会变迁的一个缩影，中国的改革和社会变迁所遇到的问题，也同样发生在清河地区。

由此可知，清河地区的社区类型多元。许多目前在中国能找到的社区类型，在这个地方都能找到对应点，而且清河地区的文化与历史资源丰富。基于这样的情况，李强教授与清河课题组认为在清河地区开展基层社区治理实验对社会学来说具有重要意义。

清河实验开展之初，适逢党中央提出"社区治理"的新思路，在这个概念体系里，社区治理给社会学创造了很好的语言环境。特别是十八届三中全会当中提及的"政府治理和社会自我调节"，这是社会学语言，说明一个社会需要有自我调节的能力。

自古以来，中国社会有很强的自我恢复能力和自我调节能力，只不过在中华人民共和国成立后的六七十年里，国人还是不太依赖社会的自我调节和自我恢复能力。但事实上中国是有自我调节能力的，例如中国有一个概念叫"上有政策，下有对策"，大部分的事情是通过"下有对策"来解决的，若是没有"下有对策"，很多事情就没有办法顺利推动，由此可知，中国社会确实是有自我调节能力的。

因此，在政策背景与社会需求的转型之下，基层社区治理实验具有必要性。目前清河地区约有 20 万人口，但实际人口只能是个估计值，因为清河的外来人口构成很复杂。清河实验的实践基础有两个方面，其目的是让清河焕发一种新的社会活力，而社会组织是重要的载体。社会组织在清河原来就已经是存在的，但最基本的问题是老百姓和这些组织之间的接轨并不是特别突出。比如说社区居委会，清河课题组发现，如果说这是一个新生社区的话，目前的基本格局是：居委会的成员基本上不是社区中的人。例如在一个高档商品房社区中，大多数居民都是中产阶层，居委会委员的工资不高，而且行政任务繁重，所以其工作人员大部分都是社区外人员。清河课题组在调研的时候发现，到任何一个居委会去，不管是 9 个人还是 11 个人，当问及一个基本问题"你这个居委会成员有哪一个人是住在这个社区里的"时，结果发现，凡是在那种高档商品房社区、新生社区，几乎是一个也没有。老旧社区还有一点住在本社区的居委会工作人员，但是也正在逐渐变少。这种现象产生一个大问题，社区居民委员会从法理上来说应该是社区居民的自治组织，如果构成人员根本就不是本社区的，那么这个居委会要如何发挥自治功能呢？所以课题组认为，"社会再组织"应该作为实验的第一阶段，而第二阶段才是社区的全面提升。

协商自治·社区治理 | 学者参与社区实验的案例

　　清河实验在经过前期调研后，课题组走访了辖区内 28 个社区，最后选出三个典型社区作为第一批的试点社区，分别为橡树湾社区、阳光社区，以及毛纺南社区。

　　下文将着重介绍三个社区。

　　橡树湾社区是一个商品房社区，属于中高端社区。橡树湾的这块地最初是属于毛纺厂的，是单位社区（如毛纺南社区等）的附属服务设施，例如食堂和球场等，当时因为毛纺厂经营出现问题，所以只能卖地"解套"。现在橡树湾社区刚完成第五期的建设，相较于毛纺集团时期，这块土地增值非常多。所以说，清河地区整个社会变迁过程是一个资源的重新配置过程。橡树湾社区的居民构成以大学教授、IT 行业的公司管理层、个体老板为多数，居住人群文化素质较高。但是，由于都是新搬入的居民，大家互相不熟悉，社区参与明显不足。所以，建设的目标是营造熟人社区，尤其是促进社区居委会和业主委员会这两类居民自治组织的协调与合作，推动居民自治和业主自治的融合。清河实验尝试扩大和增加业委会的议事范围（不限于物业管理，而且扩展到社区文化建设、社区服务等）和参与途径，提高社区居委会的自治能力，争取获得更多业主的认同和支持。

　　阳光社区位于毛纺路，相比之下较复杂，其最基本特征依据沃斯的思想来说，就是一个尺寸与密度的问题。阳光社区基本上以搬迁户居多，还有部分是商品房以及单位宿舍，人口构成复杂多元。除此之外，课题组亦从空间再生产方面着手，调查社区内空间的交流与活动状态，发现阳光社区的建筑物配置极为密集，尽管有零碎的公共空间，却没有一个完整的、大型的公共空间，因此空间的提升一直是清河课题组在阳光社区较为关注的议题之一。清华团队当时曾专门做了一个设计，想把那边一个破棚子拆掉以后找出一块公共空间，但是众所周知，北京规划十分严格，任何改动规划的做法都不允许，所以明明当时给它找出块公共空间，让社区居民能够很好地活动，结果就成违章建筑，所以后来怎么做也做不成，到现在为止，规划也未能批准。可见改造社区空间，也是非常困难的。

上述提及的是社区的复杂性，有一个事件非常有趣。当时清河课题组到了阳光社区以后，老百姓就反映一个长期都解决不了的问题，就是公共厕所的问题。阳光社区这一片以前都是平房，后来形成商品房——拆迁盖了楼房，但是在这个过程中忽略了一片平房区。过去大家都上公共厕所，现在大部分人住楼房以后不需要公共厕所了，但是毕竟这好几十户平房区的人得上厕所，这片地区只有一个厕所，本来使用就比较紧张了；另外一个问题就是这个厕所归环卫部门管，每天晚上 11 点厕所门就上锁了，所以平房区的居民晚上没有地方上厕所。几年过去，居民多次反映都没有用，因为环卫部门不归街道管。这个问题还是由清华大学出面，邀请多方协商，最后才获得解决。

再来是毛纺南社区，该社区是原来国营毛纺厂的单位职工大院，有 34 栋居民楼、3275 户居民。首先，因为毛纺厂已经衰落，不能再为社区提供服务，该社区也表现出衰落的特征。社区居民生活条件比

协商自治·社区治理｜学者参与社区实验的案例

较差，房屋老旧，环境、垃圾问题等矛盾聚集。社区老龄化问题严重，80岁以上的老人有560位，60岁以上的老人占一半，社区严重缺少经济支撑。毛纺南社区过去曾经有一段非常辉煌的历史，前面提到原本橡树湾社区的那块地曾是毛纺南社区的附属服务设施，单位职工与家眷可以享受非常好的生活福利。其次，因为单位制社区内都是熟人，居民生活上、工作上都在一起，所以邻里感情比较好，这是毛纺南社区的最大优势。但是单位改制后，毛纺集团留下一批下岗和退休职工，加上市场化后新入住的居民，产生许多矛盾与遗留问题，造成管理上较为困难，部分居民不愿缴交物业费，导致物业没有办法发挥很好的作用。

我们在清河看到，今天的政府确实与改革开放以前的政府不一样了。过去是一种总体性社会，政府可以解决一切问题。现在随着改革放开以来的重大变迁，社会的高速发展，政府承担的服务边界逐渐清晰，社会的自我调节能力应该发挥重要作用，以增加社会活力为目标。同样的，除了政府与社会之外，市场的力量也不容忽视。唯有政府、社会与市场三个方面的协调发展，社会治理才能达到可持续的运作。

清华大学社会学系的新清河实验，在学理上秉承20世纪30年代老清河实验的为民谋福祉的学术关怀和追求，并在中国改革开放的新时期，针对变化了的情况做出新的设计，做出社会治理创新。新清河实验是一个综合性的社会治理实验，也是一种社会科学的社会干预和社区组织管理实验。

二　干预过程

（一）怎么做

2005年2月，胡锦涛主席在建构社会主义和谐社会能力的研讨会上提出社会主义理想社会的形式，他认为应该建立一个民主法治、公平正义、诚信友爱、充满活力、安定有序以及人与自然和谐共处的社会。建立和谐社会的基本条件是基层的治理以及社会秩序的提升。在以人为本的原则下，如何提升基层的自治能力以及政府与民众之间良好的互动，将是社会治理实践中最为重要的具体目标。[1]

数十年的社会和社区转变，使城市社区既有的基层组织架构和运行体系面临着诸多治理难题，集中表现在如下几方面：一是原有的行政体系与老百姓的需求脱节，二是机制体制的障碍，三是居委会行政任务负担过重，四是市场机制尚不完善，五是巨型人口的高度集中带来的隐患。社会学历来重视研究和解决社会问题。面对中国社区巨变所引发的诸多治理难题，社会学者当然应该参与研究。

重新开启的清河实验有两个方面的工作：一是"社会再组织实验"，二是"社区提升实验"。社会再组织实验从改造现有的社区居委会开始。清河课题组提出社区议事委员与居民协商机制的概念，前

---

[1]　《胡锦涛在省部级主要领导干部提高构建社会主义和谐社会能力专题研讨班开班式上发表讲话》，《人民日报》2005年2月20日。

　协商自治·社区治理　学者参与社区实验的案例

期选举议事委员以扩大社区居委会的自治功能，议事委员更多的是反映居民意愿、参与社区决策讨论。在社会再组织的背景之下，才能进行社区其他方面的提升。第二个阶段就是社区提升实验，主要是通过议事委员带领居民进行民主议事和决策，产生以居民需求为导向的社区提升议案，由课题组整合相关专业的专家、设计师等技术资源，由居民参与并过程监督，由此实现社区改造和提升。

1. 社会再组织实验：选取社区居委会议事委员与建立议事规则

在第一个方面"社区组织"中，最核心的问题就是创立一个议事委员会。创立的时候就必须思考它的法理合理性，因为在一个基层，如果要有社区参与的话，必须有法理合理性，经过反复论证，课题组认为它还是居委会成员。在议事委员会创立之初，清河课题组的学生做了不少工作。因为在开始的时候必须选出那些有活力、能参与、出于公众心的居民代表，所以就先做了一个测评，了解大体情况，然后有一个选举大会，由居民代表选出议事委员。在 2015 年 1 月，第一批试点的三个社区正式选举议事委员。同时议事委员必须经过党委批准。

上述的工作实际上等于把居委会变成两部分，其目的是为了恢复居委会的活力，一块还是居委会成员，因为老居委会必须存在，要完成政府交办的任务，诸如人口普查、经济普查，现在这个居委会成员，光承担上述责任，任务就已经极重了。议事委员最大的特点是不发工资，有会议补贴，议事委员选出来以后，基本责任就是讨论、咨询、监督、建议。居委会有两部分人，一部分人是居委会的，拿工资的；另一部分人并不需要天天上班，例如议事委员，但都是在为居民服务。所以实际上议事委员在某种程度上恢复了居委会原来那个自治的功能。这个即是清河课题组推开的社会再组织工作。

后来清河课题组在阳光社区的很多工作都是依托于社区居委会议事委员来完成的，议事委员还是需要具备一定素质的，同时也会给予其相应的荣誉，每人发一个牌子，正式的证书，还是一件很光荣的事情。议事委员所遵循的规则，依然是一个民主训练的过程，这套规则老百姓可能有人会，但是还必须得有训练。应该说这是一种比较常见的参与规则，100多年前孙中山先生在写他的《议事规则》的时候就是这套理论，后来他把它改写成他的建国方略的一部分。议事委员开会等议事过程，实际上就等于党组织、居委会、物业一块开会来讨论问题，这其中必定要有一套议事规则来制约。当然这只是一个方面，一件事情要想做成一定要有组织干预，必须得形成一套新的社会规则以后才能开展。

在议事委员选举之后，为了培育议事委员议事、决策与行动的能力，清河课题组与社区居委会协同举办议事委员培训。2015年3月，阳光社区党组织、社区居委会、清华大学课题组共同组织了两期"社区服务民主协商讨论会"，共召集到70名居民热心参与，这在该社区是史无前例的大型参与式居民讨论会。两期民主协商讨论会引入了社会学的"开放空间技术"（open space technology）。两期民主协商讨论会共征集到74个项目，经过参会居民的民主投票，从中选出5个居民认为最迫切的须解决的共性问题，分别是活动室建造、自行车棚建造、垃圾楼建设、改善社区绿化环境、文明养犬。然后经过小组协商得出五组解决方案。后期，课题组还组织居民开展了有趣的分糖游戏，使居民能够在活泼生动的活动中理解"治理"中公开、透明、合作、参与、关注弱势群体、将资源利用最大化等意义。

按照实验的基本思路，改组后的社区居委会应既是"议"的机构，同时也是"行"的机构。新增的议事委员，定期开会对社区公共事务进行讨论。讨论的议题范围是事前经过居民需求调查确定好的。讨论遵循议事机制，并非议事委员漫无目的、毫无依据的展开讨论，而是对所选出的议事委员进行能力建设培训，让大家学会运用一些专业技术，开展居民意愿和居民需求调查，了解居民反映的社区问题。专业技术包括问卷调查、访谈、焦点小组、组织居民召开参与式的讨论会等。只有议事委员带着居民的需求和意见参与讨论，议事委员才能具有代表性。这是议事机制的问题，然后还进一步明确了决策机制。议事之后，由做出决策的代表集体监督落实的过程。

2. 社区提升

经由社会再组织建立社区群体参与的机制后，清河实验进入第二个阶段，即社区提升阶段。借由议事委员的平台，所有的社区组织、居民等都可以在原有的水平上逐步提升，这样的话就不存在差异性了。高档社区有高档社区的问题，脏乱差社区有脏乱差社区的问题，由各社区自行针对社区的共性问题进行讨论，并寻求解决方法。所以社区提升即是赋予社区自行解决社区问题、自我调节的能力，当然也是他们现在这个社区的一个重要方面。这里涉及一系列问题，如谁来提升、提升什么、怎么提升。具体来说，第一种事情是社区参与，实际上这是社会学比较会做的，一个社区的核心就是社区认同，如果不认同叫什么社区呢？而我们社区过去最大的特点就是只强调政府认同，所有社区认同居委会，认同政府，他就认为事情完了，而下面做的这些事情，包括社区学习等。

例如空间提升阶段的阳光社区的议事厅案例。阳光社区最大的特点就是条件过差，社区没有大型的公共活动空间。所以清河课题组当时就在探讨解决办法。阳光社区议事委员反映老百姓的意见，大概提了96条，之后反过来得给老百姓沟通能做哪些。当然大家要考虑，有资源做吗？这时候才意识到，其实有巨大的资源却没有人去利用。根据北京市的规定，北京市给了每一个居民委员会十几万元的公益基金，最近还加上每年20万元的党建经费，政府对各社区的投资非常充足，只是社区很难妥善利用。后来经由议事委员们提议运用此资金来做阳光社区的空间改造工作，包括阳光南里的活动室修建、北里的自行车棚改造、垃圾楼改造、社区绿化等，这都是让老百姓亲自参与的。利用课题组在建筑规划方面的资源，让居民直接参与规划过程与施工过程，如自行车棚改造等，改造以前和改造以后有很大变化，居民也非常认同。

所以现在的一个最基本问题，也是清河地区的核心问题，其实就是社区参与，这个过程清华大学建筑系的同学们也都参加了，比如怎么来规范用车，如何找出一个公共活动空间。后来通过多方参与，再加上议事委员的协助，阳光社区成功推动了南里三角地公园的改造项目。

阳光三角地位于阳光社区入口处，大约 700 平方米的面积，原本公园内没有设施设备，仅有一些绿化，所以成为居民丢垃圾、遛狗的地方，居民很难在这里有交流、互动的机会。经调研以及议事委员、居民等提出建议，课题组与政府协商进行三角地的改造工作。这一次的改造与已往的规划形式不同，课题组希望能让居民有更多的参与机会，因此规划了小小建筑师、三角地方案征集等活动，征求居民的意见以及组织自愿的参与。后来经过多次方案讨论，三角地改造终于开始实施。这个案例有两大收获：其一，社区公共空间对于生产社区交往、交流有积极的作用；其二，通过居民参与，可以增加社区邻里与社区互动的认同感。

3. 社区参与活动

下面主要阐述社区参与活动，当课题组做清河项目的时候，其实我们在思考一件事情，就是大家怎么参与，所以当时就提了两个概念。第一个就是，阳光社区其实是个脏乱差社区，为了让大家都能参与，于是先办理了阳光社区的 logo 公开竞选，结果发现居民参与非常踊跃。由此我们发现，孩子是中心，所以后来办了一系列亲子活动，让孩子们来参与，也可以带动父母的参与。那天人们参与热烈，都关注整个筛选过程、哪个 logo 被选用。可以看到大家因为希望自己设计的 logo 被选上，也带着孩子在积极地做宣传，经过这一过程，居民们成了 logo 设计者。所以清河课题组认为，一个社区的认同参与是非常重要的。

（二）有何改变

通过以上过程能够看到，大家在做的关于空间改造的事情，提高了公众的参与度。例如墙绘的过程，全部是手绘，这样绘制出的图面非常好看。由此可见，社区里面的能人是很多的。再如讨论议事厅的案例，如果是小型议事厅不需要规划就可以批准，同时可以做些外部的改造；而物业也因为收不到太多的物业费进而支持此种做法，其实以前物业是不支持的，可以看到在此过程中的变化。同时需要理解社区、人的提升，居民意识改造等，这些是议事委员这件事情带来的变化。议事委员们也提出了一些口号，例如"社区成立议事会，大事小事有人问，议事会议就是好，民心民意解决了，议事会议要坚持，社区居民都支持"。

议事委员群策群力效果高，层层把关力监督，改善民生又防腐。自从课题组来到阳光社区，社区的改变显而易见。以前居委会想为居民办事，但总是从政府的角度去考虑居民需求，没有听居民意见，吃力不讨好。自从有了议事会以后，居民的事情由居民议，居民的需求更直观地反映给各治理主体，也能够获得有效的解决。

最近课题组也正在思考下一阶段的清河实验走向。实际上清河项目现在还没做文化研究，北京是很有文化的，要壮大对她的历史研究。清河是洋务运动的起源地，例如毛纺厂，在当时是对国家发展有重要影响力的企业。今天毛纺厂衰落了，连年亏损；实际上，这样一种国有企业，争不过南方这些毛纺企业。其实还不如挖掘历史，告诉

协商自治·社区治理 学者参与社区实验的案例

大家洋务运动的起源。这个地方有孙中山先生当年的议事厅。这个地方将来可挖掘的东西还是很多的，文化脉络的梳理将是清河实验下一阶段的重要工作之一。

三 理论依据

（一）干预动机

从理论的逻辑出发，还是要坚持社会学的想法，即政府、市场与社会三位一体。中央政策对于上述的理论是认同的，大概在 2 月份的时候，《人民日报》有一篇文章，尽管其中是政治语言，但是在社会学看来，一个社会存在着政府、市场与社会这种三元机制与三元力量。李强教授在《创新社会治理必须激发社会活力》①一文中讲到，在三种机制中社会属于最弱的一环，怎么培育这个社会是我们当下的主要问题，《人民日报》的政治概念语言也都是承认这些概念的，这样的现象值得思考。

再回到清河实验，从所观察的清河地区来看，党和政府的力量非常强大。从好的方面来说，行动能力确实强，例如，在创建文明社区的时候曾遇到一个大问题，因为政府一旦进行暗访，楼道里就不能堆

———————

① 李强：《创新社会治理需要激发社会活力》，《人民日报》2016 年 2月 2 日。

放杂物，必须让老百姓把楼道清出来。而对于老社区而言，楼道的重要性还是很高的，家里不用的东西都在楼道里放着，结果在那几天，老百姓变得格外"厉害"，街道干部出于好意来帮助老百姓把楼道清出来好创建文明社区，但老百姓是不干的，老百姓多次打110报警，声称"110，我这儿有人抢我东西"，110马上就来了，街道赶紧解释，这不是抢，老百姓在这时候就说他们这箱子里有"金银财宝"，刁难街道人员。所以可见政府的思路跟老百姓生活并不能很好地接轨。创建文明社区有一套指标，而这个指标跟老百姓的生活距离是很远的。所谓政府、市场与社会，市场在很大程度上发展起来了，作为政府一个重要补充，在清河地区，有几个社区是比较好的。例如，一个好的商品房社区，如果运作好的话，物业公司基本上就把社区内的所有的问题解决了。

（二）实施理论

中国改革开放以来，社会结构、社区结构、居民构成、基层社区、基层组织都发生了翻天覆地的变化，原来基层社会治理的既有组织架构已经在各方面与社会的实际需求严重脱节。因此，通过组织变革实现基层社会再组织，成为新时期基层治理创新的重要路径和基本内容。目前，清河实验的两项最主要的内容，或者称作"两大板块"就是社会再组织（亦称社区再组织）和社区提升。社会再组织就是改革原有的缺少社会活力的组织结构，寻找新的社会力量，提高组织的代表性和自治能力；社区提升就是使社区生活在原有的基础上有所改善和上升。这两个方面，在理论上是分开的，而在实践中是交融在一起的，并且是互相促进和互为因果的。

在清河实验过程中，清河课题组深切感到，当前中国基层社会正处于一个巨大的变化过程中，需要做的改革实验的内容很多，社区中需要解决的问题比比皆是。社区生活中并存两个方面。一方面，老百姓还沿着传统的路径思考问题，认为社区中的事物都是政府的责任，与自己无关，其依赖性、被动性比较突出。社区参与的积极性比较弱小。而另一方面，在社区居民中确实又可以发现很多积极主动的社会因素、社会力量、社会动力，这是一种潜在的势能，一旦发挥出来就有巨大的能量。所以，清河实验就是要发现和培育这些积极的社会因素，使社会从"被动社会"转变成"能动社会"。

清河实验进一步促进了我们对于社会学"本土化"的思考。实际上，当前中国社会面临着人类有史以来，最大规模人口聚合体的现代化转型，虽然清河实验只是一个很小的实验点，但是，通过这个实验点的基层社会治理实验，我们可以思考的是如何探索本土化的中国社会学理论，在实践和实验中发现中国本土化的社会学理论与方法，进而对一般的社会学理论与方法做出贡献。

四 社区营造的启示

总之，在清河的社区里发现了很多社会活力，这些社会活力在原来的框架下是没有人关注的，所以在未来的社区发展中，在政府、市场与社会这三者中，市场这一块其实不用我们做太多，市场运作不需要多干预。在没有市场能力的情况下，其实可挖掘社区的活力。当然，政府资源特别巨大，这一点必须理解。清河实验是在海淀区党委和政府的支持与指导之下才可能顺利推动，他们在很多方面给予课题组许多建议，所以政府主导的作用是很重要的。目前实验遇到的问题更多是反映在社会参与能力方面。这个部分我们发现中国南北方的些微差异。在北方，社会这方面基本没有培育起来，但有无数的潜在力量。最近课题组建立和运作了一个社会组织，这也涉及将来有没有真的由社会组织来运作。总的来看，社会组织的力量还是比较弱。基本上力量都来自政府，大栅栏地区也是这样。这样的话，社会学在很大程度上是培育社会，培育社会从理论框架上怎么跟政府去接轨呢，这个是未来探索的方向，需要做的很多事情。

第二章

太仓社区建设经验
——从理论到行动

王春光[*]

一 案例背景

苏南的太仓在昆山边上,太仓市区和上海市区直线距离仅 28 公里,离上海虹桥机场只有 40 分钟的车程,这个距离甚至比上海市中

---

[*] 王春光,现任中国社会科学院社会学所研究员、博士生导师,社会学所副所长兼社会政策研究室主任,中国社会科学院社会政策研究中心主任,中国社会学会常务理事、农村社会学专业委员会理事长、社会政策专业委员会副理事长,国务院侨务办公室咨询专家委员,享受国务院特殊津贴。著有《社会流动与社会重构》、《中国农村社会变迁》、《巴黎的温州人》、《中国农村社会分化与农民负担》、《超越城乡:资源、机会一体化配置》、《移民空间的建构》等。

太仓社区项目由中国社会科学院社会学所组织,自 2013 年开展,研究主题为转型社区的重构,项目包括社区基本需求和资源调查、社工培训、社工机构建设、社区公共事务开展、社会志愿者招募等主要部分(或内容),经历了调查和分析、方案设计、人员招募培训、机构成立,以及从社区娱乐到社会组织发展,最后到社会管理和参与等阶段,取得了社工从无到有、社会动员和志愿者队伍壮大、社区和谐等行动成果。

心到虹桥机场还近。太仓的历史文化悠久。顾名思义，太仓的原义就是皇帝的粮仓，一方面说明那里在历史上也是物产丰富的地方，另一方面更主要的是那里是运河经过和靠海的地方，在古代是交通要道，便于运输和储存粮食。太仓的刘家港是明初郑和下西洋起航的地方。太仓人杰地灵，出了很多名人。物理学家吴健雄、化学家朱棣文或出生于太仓，或祖籍为太仓。明清时期统治中国画坛四百年的王家学派，即王锡爵他们家族，就在太仓。太仓还有个特点，就是人少地多，人均两亩地，这在长江三角洲这个地方是非常少见的，所以太仓自称中国的欧洲，即人少地多、经济和文化发达、社会文明程度高等。清代诸家轩著《坚瓠集》载有"吴评"一则："吾苏辖一州七县，旧时评语曰：'金太仓、银嘉定、铜常熟、铁崇明、豆腐吴江、叫花昆山、纸长洲、空心吴县。'言金银富厚、铜臭、铁刚、豆腐淡、叫花龌龊、纸薄、空心虚伪也。"与此同时，太仓在经济上与欧洲有着很强的连带关系：它吸引了欧洲的企业，特别是成为德资企业在中国的生产基地。太仓，一到晚上就很清静，街上人很少，不像南方其他县城一到晚上就热闹非凡。太仓的人特别温和。我们有个老教授张雨林老师，他提出了两个现在还在被普遍采用的概念，一个是农民工，另一个是城乡一体化。他当时跟费孝通教授做苏南小城镇研究，蹲点在太仓，一待就是一两个月。他就说，太仓人真是老实。有一天他特意上街观察太仓人会不会打架，闹矛盾。他观察了三个小时，在路边仅仅碰到一起事件，两辆自行车相碰，两个人仅说三句话就走了，不像东北人。从这里就可以看出太仓的民风是相当温和的。但是，现在太仓在城市化、现代化、工业化过程当中碰到不少问题、困境，这些也是我们整个国家遇到的问题、困境。因为它起步比较早，苏南模式就是从它那里出来的。太仓的社队企业发展非常早，很早就搞招商引资。太仓市引进欧资比较多，昆山市引进台资比较多，两个地方互相竞争，彼此铆着劲竞争，都不服输，都觉得自己比对方好。

太仓全县总面积 809.93 平方公里，长江水域面积 143.97 平方公里，陆地面积 665.96 平方公里。2013 年年末，全市户籍人口 47.04 万人，年末常住人口 71.41 万人，城市化率为 62.72%。太仓全市共有 6 个镇和 1 个街道办事处、88 个建制村（行政村）、3205 个村民小组、67 个居民委员会。太仓是一个花园城市，基本实现了城乡一体化。

早在 1992 年，沈原教授和陆学艺老师在太仓这个地方谋划了一个基地，成立了中国社会科学院社会学研究所太仓社会经济研究中心。当时，我正在社会学研究所跟随陆学艺老师读博士，于是也就跟着他们来到太仓，参加中心成立仪式，第一次对太仓进行了实地调查。从那时候到现在，我见证了太仓 20 多年的现代化建设和城市化变迁的过程。到现在，太仓的户籍城市化率大概超过了 50%。如果加上外来人口，城市化率更高，他们自己统计的是 2013 年城市化率达到 62.7%。有一次我跟陆学艺老师去太仓调查，见到当时的市委书记。那个市委书记请陆学艺老师给太仓发展提建议，陆老师就跟他说了两句话，他说太仓要做两件事，一是引进 40 万人，二是种 40 万棵树。沈原教授打趣地说，每一个外来人口扛着一棵树进来，种下来，就可以成为太仓人了。实际上到现在，太仓确实做到了这一点，尽管外来人口还没有彻底本地化，但是太仓的绿化率已经高达 45% 以上。

目前太仓有 90 多万常住人口，城乡一体化搞得不错，在整个社会结构当中，很大比重是外来人口。外来人口处于底层，是产业工人。所以第一个问题就是外来人口融入难。第二个问题就是社会变迁中的社会联系断裂。在过去的十多年中，全国各地在搞乡村拆迁运动，撤村并村，开展大规模、轰轰烈烈的城市化建设。太仓大概 50% 的村被拆迁合并，甚至村改居，成为城乡一体化的一部分。但是在这个一体化拆迁运动过程当中，也发生了一些严重的问题，比如原来是两个村庄的人，现在并在一个社区，来自几个不同村庄的人居住在一起；或者原来是两个村庄，把两个村庄的人都打散，这一半放在这个社区，那一半放在那个社区，不让他们整体地集中居住在一起。因为整体集中居住在一起，他们就比较团结，组织能力很强，容易上访。但是，原有的社会关系网络被打散了以后，他们要组织起来就比较难，成本比较高，因此很难闹起来。然而，这并不意味着问题不存在，相反，许多问题、矛盾仍在那里，那么究竟怎样解决呢？由于撤并村庄后，许多公共空间消失了，公共精神也丢失了，人们自己顾自己，不能合作来解决问题。于是，那些碰到问题的居民和村民就纷纷去找居委会和政府，他们认为他们面临的问题就是居委会和政府造成的，是由被政府强制拆迁合并造成的，而居委会则是政府的代表。邻里之间的合作关系很少，社区出现陌生化。在新建的社区中，人跟人的关系，楼上楼下都不熟。当然它有个重建过程，但是重建过程总得有时间，个人碰到的问题只能单个地去找居委会、政府。陌生化带来什么问题呢？之前没有撤并时，在居住上没有楼上楼下的问题，只有邻里的关系，而且邻里之间都非常熟悉。而现在则有楼上楼下关系，相互影响更大，楼上一有响声，就会影响楼下住的人，同样，楼上如果出现漏水，直接损害楼下人的利益，于是就会出现以前没有想到和体验到的问题和矛盾。比如在调查中，有居民告诉我们，由于许多家庭都有老人，楼上半夜有响动，会影响楼下老人的睡眠，于是就出现闹纠纷的事。当然其中一个重要原因还是现在人际关系并不是太熟，生活中没有养成考虑楼上楼下关系等的习惯。这些都是城市人在城市化过程当中能体验到的。

　　与撤并拆迁伴随而来的问题还有很多。首当其冲的是生计问题。合并搬迁后，这些农民或者说村改居的居民靠什么来生存呢？他们如何找到自己的生存经济呢？正如我前面所提到的，历史上太仓有着很好的农业，即使在20世纪八九十年代，农民可以一方面种地，一方面到工厂、企业打工，生活挺好；但是集中了以后，四五十岁的劳动力去企业或公司找工作就比较难，农地也没有了，那他能干什么呢？在我们所调查的那个小区，事先按城市居住方式，规划得很好，上面住人，下面有车库。但是，农民集中起来居住，那些车库对不少年纪大的农民来说没有什么意义，于是他们把车库出租给经商开店的人，车库就变成店铺。有的店铺是做加工装修的，有的是用于开办搓麻将的茶馆，还有理发店、杂货店等。店铺的经营活动会影响周围居民的生活，特别是搓麻将，半夜三更，人声很响，影响他人睡觉；许多租用车库的是外来人口，他们在一起也会与本地居民产生一些纠纷和摩擦。

更重要的是物业问题。集中居住以后的社区，不像商品房社区，商品房社区有物业公司进来管理，但是，撤并的小区集中了以后，原来按照政府的规定，政府出 70% 的物业费，老百姓出 30% 的费用，但是老百姓觉得是政府让他们集中在一起的，所以他们不愿意出 30% 的费用。结果这些费用都只能由政府承担，而政府也愿意尽可能少出费用，由此而来的，物业管理就非常粗陋、糟糕，只有简单的守门、清扫垃圾等服务，其他更多的管理服务都缺失，甚至连垃圾管理都不合格。另外，小区有一些草地，有的老农民闲来无事，原来就习惯种地，认为小区没有必要留草地，于是就把草拔掉用来种菜和其他庄稼，比如黄豆、白菜等。我们看到，有人把成熟的黄豆拔出来，放在小区路边晒干，像是在农村。

还有集中居住以后，生活商品化非常厉害，他们干什么事情都要花钱，农民说"现在除了放屁之外其他都要花钱"。为了减轻生活压力和负担，集中居住的农民会尽可能拿小区的公共资源为他们所用，有的农民说"反正我们有的是时间"。比如，小区有个公共厕所，许多有时间的农民每天拿着水桶，从公共厕所往家里运水，他们还把衣服拿到公共厕所那儿洗，上厕所也到那儿上。据说，有一个年纪大的农民每天从五层楼跑下来，憋着小便和大便到公共厕所上，有一次因为憋不住还出现尴尬状况。相似的问题不少，难以一一列举，也没有必要。这里想说明的是，由于拆迁合并，在快速的拆迁和建设过程中，许多快速建设成的房子都比较简陋，质量不好，所以经常会出问题。居民一有问题，就会去找居委会，跟居委会干部埋怨甚至吵架。居委会干部觉得这是很头疼的事，他们说，一看到居民来找他们，肯定是来跟他们吵架来的，没有其他好事。基本上是这样的一种状况。

在这里，我们看到，由于拆迁合并，原有的社会联系被切断了，小区变得陌生了，人与人的关系疏远了，大家首先考虑的是自己的生计和生活，居民之间的合作就很少；与此同时，由于城市化、商品化，居民的生活越来越不能自足，基本上要靠市场，因此生活成本越来越高；一些居民为了生计尽可能利用公共资源为自己服务，而对于应该承担的物业服务，就将责任推给政府；因安置速度过快以及经费不足，许多安置房质量不好，由此引发的矛盾也不少，因而更加疏离了人际关系，切断了原来的社会联系，这样的小区越来越没有生活共同体的含义。建立新的共同体关系，成为这些社区的急切需求。

二　干预过程

（一）怎么做

我们跟太仓政府的合作采用购买方式，即太仓市政府购买我们的服务和劳动。我们没有想要从中赚钱，而只想把这个事情做成功，真正解决一些社会问题，也彰显我们的实际价值。最开始，我们组建了一个社工机构，名字叫"欣诚社会工作组织"，主要派我们的一些学生跟我们室的年轻研究人员参与。当时虽然太仓市民政局告诉我们，太仓有150来个社工，但是他们基本上没有任何社工实务经验，仅仅是持证社工而已。而我们需要的则是有实务经验的社工。从市外找有实务经验的社工，虽然能找到，但是他们不一定了解太仓的社会、风俗，尤其是不一定听懂太仓地方方言。不懂当地方言，在社区层面跟居民打交道，特别是跟年纪大的居民打交道，是非常困难的。于是，我们想出了一个折中方案：在太仓招募社工，录取了5个人，两男三女。他们之前有的就在社区工作，但是是社区临时人员。有一个是在法院里工作的，他愿意来做社工，让我们很吃惊，也很惊喜。我们还招到一个在大学本科学过社会学也学过社工的年轻人。刚开始，我们社工机构没有独立的办公场所，居委会把楼上空着的房子给我们用，这5名招来的人员也由居委会管理，工资由管委会发放。这样的关系只能是暂时性的，如果长期维持下去，不利于社区建设的开展，由于受居委会管理，居民把社工与居委会干部混同起来，而他们与居委会干部的关系并不好，这样不利于社工获得居民的信任。与此同时，居委会把这些社工视为自己的成员，经常支配他们去做居委会干部要做的事情，从而也减少了他们从事社工的时间。更重要的是，因为这些人没有社工实务经验，他们不知道社工工作怎样开展，于是容易把居委会的工作与社工工作混同起来，实际上不利于社工工作的开展。为此，我们首先做的是：结合实际工作，对这些人进行社工培训，以提升他们的社工能力；同时，我们对居委会书记兼主任的那位干部进行不断的思想工作，让她意识到，这 5 个招来的社工不是社区工作人员，与她不是上下级关系。同时，社工必须独立开展工作，不能受居委会的支使，否则他们的特长就难以发挥。我们还与居委会上级即管委会书记和主任以及主管此事的委员进行多次的交流，获得他们对我们理念的认可，这样才能真正开展独立的社会工作。与此同时，我们让社工花更多的时间去接触居民，让他们知道社工与居委会干部不是一回事。我们让派去的学生与这些社工一同工作，在理论上指导他们，从经验上向他们学习。一方面这些新招的社工实际上并不知道社工做什么事，另一方面，社工待遇比较低，也看不到未来前景是否稳定，到后来 5 个人中先有 3 个人不干了，考上了社区干部，找到稳定的就业，再过了 2 年，剩下的 2 个人中的一个又辞职不干了，也是因为看不到社工未来的稳定性，只剩下一个在大学里学过社工的年轻人坚持了下来（这些都是后来发生的事情，先顺便提一下）。

先转回到我们如何进入社区开展社区建设工作。除了招募人、派学生参加以及处理好社工与居委会的关系外，最重要的是要开展需求调查以及与社区居民建立信任关系。我们做了问卷调查，开始老百姓并不配合，有一种敌意，以为我们是政府人员，想调查他们，他们就说，"你们想来干吗？"他们显然并不友好。但是我们看到这些社区居民的一个特点就是年纪大的人占多数，他们特别寂寞。年轻的调查人员就很耐心地与老人交谈聊天，渐渐地消除他们的敌意。他们开始知道这些年轻人不同于社区居委会干部，也不是政府官员，确实是想来帮助他们，于是就建立了信任。有了信任之后，我们的调查就很顺利地进行了。通过问卷调查，我们既与居民有了初步的交往，获得了他们的理解和认可，同时我们也了解到他们的需求以及现有的一些资源。我们的社工和学生在对调查资料进行分析后，做出推进社区建设的具体方案，设定了渐进推行的步骤。

第一步，把原来的自治组织进行整合。这些自治组织相当松散，各自从事自己的活动，互相没有合作关系。社工们把这些组织的"领袖"召集起来，共同探讨如何进行整合，结果提出了建立自治组织联合会的方案。联合会成立以后，各自治组织之间可以共同商议举办活动，在这个过程中，一些过去没被发现的人才脱颖而出，当然也有一些所谓"刺头"或"钉子户"也暴露出来。一方面更有效地整合这些人才或精英，另一方面如何驯服"钉子户"或"刺头"，就成为这个阶段的社区工作重点。我们借助居民的舆论、耐心和专业能力，终于有效地驯服了这些"钉子户"或"刺头"，他们有的成为社区活动的积极分子和骨干。

第二步，满足社区人员的喜好以及一些需求。比如许多农村老人有很高的编织技术，我们就把那些会编织、织毛衣织得特别好的老人组成编织小组，把编织出来的东西送给社区的孤寡老人，从而带动老人的慈善意识；编织小组又教那些没有编织能力的人，互教互学增加了居民之间的交流和感情。编织工艺还赢得一些中青年女性的青睐，带动了中青年女性参加社区活动的积极性。

第三步，动员社区志愿者。社区建设仅仅靠几个社工和学生是不行的，人手明显不够，这就需要借助志愿者们的努力和贡献。而且一个社区的居民蕴藏着许多资源，通过志愿者活动，可以动员这些资源为社区建设和社区福利做贡献。刚开始做社区志愿动员工作的时候，我们担心农村人刚进城是否有这种志愿服务意识，是否愿意出来帮助他人，然而这个社区还有一个很重要的点就是除了农村人以外，它还有商品房，居住在商品房中的那些人大多是有官方职业的，比如公务员、学校老师、医务人员等，他们都属于中产阶层，不仅自身有一些特长和资源，而且可以引进一些专业人才。开始，我们的社工对动员志愿者并没有抱太高的期望，以为能招募几个就不错了。他们把半个桌子放在小区门口边上，原以为会没人来，没想到当天就有 60 人来报名，有的人是教师，有的人是画画的，有的是搞电脑的，有的是修理各种东西的电工。居民做志愿者的积极性蛮高的。有了这么多志愿者，我们就开始利用志愿者的服务，办起了暑期儿童班，由小区的志愿者教孩子们唱歌跳舞、做作业、学画画、练瑜伽、练乐器等，然后通过儿童带动中青年的参与。他们正是社区参与必不可少的一群人，他们对社区感兴趣并参与其中。这显得非常重要的，因为我们在做社区活动的时候，参加最多的就是老年人，我们面临的困境就是中年人参与不够。然后通过志愿者培训画画、跳舞、唱歌、儿童暑期的学习来带动中年人的发展。还有中青年很关注健康，现在讲健美。社区里有几个瑜伽老师来给我们做志愿者，培训瑜伽，能够带动这批中青年人的参与。这样就把原来的陌生关系变成熟人关系，熟悉以后他们开始议论，说这个社区有很多问题，哪里有个井盖不行，哪里有个路灯不行，后来自己搞成一个相帮队——义务相帮队。义务相帮队每天晚上都去巡逻，有问题就直接打电话给居委会主任，说这里灯有问题，那里的井盖被偷了。

（二）有何改变

我们从 2013 年开始社区建设，到 2014 年年初明显见效果，整个社区从原来的沉寂中活跃起来。居委会干部就说，现在找他们闹事吵架的人越来越少，感觉社区建设非常重要。在这一年中，我们先是从娱乐活动入手，组合社区各个娱乐组织，建立联合委员会；在此基础上，渐渐地带动社区服务活动，最后步入社区治理。这整个过程一步一步深化，社区本身的提升是从原来的自娱自乐到服务——相互的服务，然后参加议事治理。这样做完了以后，与之相邻的社区居委会发现这套做法跟原来的不一样。相邻的书苑社区跟鹊桥社区的书记和主任就找到我们的社工机构负责人，跟他说这个社区建设很重要，邀请我们到他们那里开展工作。而我们最早开展的那个社区叫常丰社区，常丰社区的主任说我们是他们请来的，不能到其他地方去做社区建设，而且我们只有两三个人，怎么能到其他社区工作呢？然后我们跟他讲，我们会招募人，会扩大队伍，我们不能只是在你这个社区，我们要在太仓整个市做这件事。我们成立了另外一个机构，名字叫瑞恩社会工作发展研究中心，我们到那边去做。把台湾的一些学者引进来，把台湾的一些理念引进来，比如台湾一个社工协会的秘书长萧琼琦教授，中正大学的吴明儒教授。现在萧琼琦已经成了我们社工督导。我们已经参与太仓整个社会组织的规划建议。在孵化其他社会组织时，我们已经在做整个太仓市的邻里家园。现在从城乡街道，到城关镇，我们在浏河成立了社会组织服务中心，在太仓已经从整个面推展开来。到现在，当初招聘的5个人，虽然离开了4个，剩下1个，但是，我们组建的社工机构在不断地壮大。我们从市内外不断招聘新的社工人才，目前已经有近30名社工人员，其中有多名中级社工师和初级社工师，还有不少是社工硕士毕业的学生。社工机构的活动还超出了太仓，迈向苏州市区和上海嘉定区。与此同时，社工实践反过来影响政府官员的认识和决策。在过去的三年多里，太仓专门出台很优惠的社工、社会组织和社区建设方面政策，比如有关社工政策中，太仓市政府购买社工岗位政策以及鼓励太仓本地学生在大学就读社工专业的奖励政策等，这些政策在很大程度上受到我们在太仓的社区建设行动的影响。总的来说，我们在太仓的这方面工作势头非常好。从这里可以看出，社会对社区建设、社工活动有着很大的需求。我们从事社会学和社工研究的人员，如果能够把手伸到下面去，脚踩到里面去，如果下决心把我们的很多理念、想法和我们的意志贯彻下来，就会获得社会支持，对推进社会建设也会起到良性的作用和产生积极的效果。同时，在这样的行动中，我们也会对社会获得更深的认识和了解，提升我们的学术研究水平。虽然做社区建设、社会建设是一项很复杂而又艰巨的事业，但是，在实践中，会碰到很多有意思和有趣的故事或事件。故事很多，难以一一道来。总而言之，实践充满着智慧和乐趣，值得我们这些研究者去尝试一下，社会也期待着我们的行动。

三 理论依据

（一）干预动机

到 2012 年的时候，我们社会学研究所跟太仓已经有整整 20 年的合作历史，彼此建立了很牢固的信任关系。那一年我们举行了一个 20 周年合作纪念研讨会，在会上大家讨论了今后合作的一些想法。当时出席会议的太仓市委副书记陆卫其就找我，他说："春光，陆老师对太仓做了很多研究，出了好几本书，也出了很多文章。学术研究你们做得不错了，你们能否不要站在那么高的上面，你们下来落地好不好，帮我们解决一些我们面临的困境。"一方面他觉得现实中确实面临着许多困境和问题要寻求有效的对策，另一方面他也是给我们出个难题，意思是"你们这些人，天天说得头头是道的，出书又发文章，现在该你们行动的时候，看你们究竟有没有行动能力，能否达到'知行合一'"。实际上他有"将我们一军"的味道，把球踢给我们，看我们敢不敢接和能不能接。为了社会学所跟太仓的合作友谊，以及有在贵州做社会组织扶贫的队伍与经验做后盾，我们就勇敢地承接下来了。陆书记知道我们愿意做点行动的事情，就把一个问题很多的村改居社区交给我们帮着解决问题，这个社区也许是太仓城市化过程中问题最多的一个社区。这是对我们的考验和挑战。从这个角度看，我们是被动地进入太仓的社区建设，但是，事实上我们也有一个行动的想法，希望通过行动，把我们的研究成果转化为现实行动，以真正解决一些社会问题，而且通过行动，我们可以更好地深化我们的研究，使我们的研究更接地气、更有针对性。

（二）实施理论

社会建设理论是我们进行干预的重要理论基础。社会建设理论虽然包含很多内容，但是两个基本命题对我们有重大的支持：一是"社会"是可以建构的，二是"社会"是社会建设中的主体。按第一个命题来看，由于我国"社会"非常弱，因此需要通过建设，将"社会"做强、做大；按第二个命题，建设"社会"的主体还是"社会"自己。那么这里似乎存在着一个悖论：既然"社会"那么弱，那么它怎么能建设自己呢，从理论上似乎是不可能的。于是在很多地方推行的就是政府建设"社会"，但是由于政府干预太多，"社会"一直长大不了；或者出现一个通过行政方式和机制运行的"社会"，我们称之为"行政社会"，并不合乎社会建设之要求。我们对此有着理论的自觉。在研究中，我们发现上面这个悖论是可以解决的，而且有解决的条件。首先，我们要求当地政府给予我们组建的社会工作组织以平等的、独立的空间和地位，不要将其纳入行政管理体系。其次，可以从外部引进相应的社会工作力量和组织方式，也就是聘请贵州的社会社工来指导和陪伴太仓的社工组织成长。再次，我们挖掘太仓本地蕴藏的社会资源——在当地社区，有不少自发的娱乐活动组织。最后，我们以居民需求为导向，以满足居民的需求为切入点，有效地激发和调动居民的社会参与积极性。正是基于这样的理论认识，充分利用社会工作的专业手法和技巧，在短短的时间内我们就有效地调动社会居民的社会参与意识和积极性，"社会"的主体性得到确立。从参与娱乐组织开始，然后发展到参与学习组织，再发展到参与管理和治理组织。社区的公共性得到培育，公共空间得到拓展，社会建设得以顺利推进。

　　政府从一开始，对我们的行动并不看好，有许多质疑，但是他们很快就发现，他们的疑虑是有问题的，因为我们的行动效果很快就出现了，更重要的是我们的行动效果正是他们所需要的，我们将居民组织起来，有效地化解了政府与居民之间的一些矛盾，而且还减轻了政府的许多工作负担。由此，政府的态度就从质疑、消极转向积极，真正意识到社区建设在治理中的价值。于是，政府就开始不仅积极从资源上给予支持，而且开始政策调整，纷纷出台各种购买社会组织服务和社会工作的政策。从这里，我们至少在理论上可以获得这样的启示。第一，在社会建设上，政府给社会组织和个人更多的自主空间和条件，就能激活社会的主体性。如果一味地限制，就会扼杀社会主体性，从而使社会不能有效地自主运行，而更多地依赖政府，使政府超负荷运作，结果不但会降低政府的效率、效能，而且还会激发政府与个体的民众的矛盾，损害了政府的权威和合法性。第二，政府与社会不是二元对立的关系，而存在着非常多的合作空间，只要政策和体制建构合理，政府与社会完全可以形成"双赢"（win-win）格局，甚至出现"强政府强社会"局面。第三，"社会"是有很大的潜力的，首先，每个人都有社会性，都愿意参与集体活动；其次，社会组织已经发展到可以具有激发社会潜力的阶段，所以，不要忽视"社会"的潜能。第四，社会建设需求显得非常迫切，因为社会、经济和政治已经处于社会转型的关键时刻，仅仅靠政府和市场不足以解决关键转型阶段的风险、挑战和问题了。我们在太仓的实践从一个社区开始，已经跨越了社区边界，在全市域获得发展，甚至跨越了太仓，已经在苏州市层面获得了发展空间，由此可见，社会建设渐渐地得到重视和发展，在不远的将来会与经济建设并驾齐驱。

四　社区营造的启示

这里仅仅介绍我们在太仓的部分行动和实践过程，这个行动和实践还在进行之中，在不断地扩大之中。作为研究者，我们并没有太多的精力完全投入这个实践之中，我们更多的是从理论知识上去给予支持。刚开始，我们参与得多一些，派学生参与其中，成立了专门的机构。我们派去的一个博士后对这个实践非常感兴趣，他原来学过社工、社会政策，因此一接触实践，就被实践吸引了，全身心地投入社区建设、社会建设中，自己辞去大学副教授职位，带着妻子来到太仓，专门负责我们成立的社工机构。现在他已经成长为江苏社工领军人物。有了他的专职投入，我们的这个机构有了很好的发展，这也让我们得以解脱。但是，万事开头难，在社工实践尚处空白、社会普遍不理解、绝大部分政府官员对社工、社区建设和社会建设都处于懵懂状态的境况下，开展社区实践，难度是可想而知。这从我上面的介绍中可以略知一二。这里我就谈三点感受和体会。

其一，在社区建设中，要清楚地知道政府跟社会、跟市场的关系。如果没有政府的强有力支持，我们在太仓的行动将寸步难行。在这方面，目前很多社会组织都面临着得不到政府强有力支持的困境和尴尬。我们在社区层面开展工作，如果得不到居委会干部的支持，我们将一事无成，因为社区居委会干部虽然与居民关系并不是那么紧密，但是他们无时无刻不在影响社区的每件事，所以，凡是要做一件事，没有得到居委会干部的支持，就会遭遇很多麻烦。但是，与此同时，要注意的是，不要把社工与居委会干部等同起来，甚至变成居委会的一部分。社工、社工机构不是居委会的隶属人员和机构，相互间是平等的伙伴关系，是平等的合作关系。这是我们在初期实践中碰到的最难解决的问题之一。当时社区居委会以为我们的社工是政府派来的增加居委会的人手的，于是，他们就习以为常地认为，社工就得听命于他们。于是我们从一开始就告诉居委会书记和主任，这些社工和学生不是他们的下属，而是与他们平等的合作伙伴。但是在头几个月，居委会经常给我们带去的社工和学生派活，还给他们制造一些难题，实际上就是刁难他们。起初居委会有这样的一些习惯想法：居委会就是社区的领导机构，其他人都得听命于它。而且，他们担心，社工和学生如果做得比他们好，反过来映衬出他们工作不得力，影响政府部门对他们的考核。当然更重要的是，居委会他们以前根本没有接触过社工和机构，更不知道社工能做什么。解决这个问题，我们基本上采取这样几种方法：第一，对居委会干部进行社工知识的普及，让

他们知道，社工以什么样的方式做事和大多从事什么样的工作；第
二，让居委会知道，社工做的事情与居委会做的事情并不是竞争关
系，而是相互促进的关系，而且社工做出的业绩也可以是居委会的业
绩；第三，我们有一个好处是，我们来自中国社会科学院，有很强的
官方背景，我们可以随时找太仓的各级领导请求帮助解决有关问题，
比如居委会或管委会刁难我们的社工，我们就可以直接找太仓的一
些主管部门领导甚至市长和书记来协助解决问题。实际上，一开始我
们面临的很多关系问题都是这么解决的。这里面就提出很有意思的现
象，利用行政权力的力量与资源，跟基层组织和政府进行博弈，在博
弈过程中改变他们的思路，改变他们的观念。否则纯粹是民间力量的
进入，就会碰到很多这样的困难。

　　其二，社区建设和社工的本土化是很重要的。现在，我们大学里
很多自己培养出来的社工，虽然受过很好的社工知识和理论的训练，
但是，到地方去，就会面临难以融入当地社会文化的困境。实际上我
们全国各地都有自己丰富复杂的地方文化。一个社工不懂当地的社会
文化，就很难开展工作。太仓的地方文化是很丰厚的，太仓有自己的
方言，与苏州的还不同，更接近上海方言。虽然我是浙江人，我也听
得懂上海话，但是太仓方言跟上海话还不一样。在我国南方，县与县
之间的方言、习俗很不一样。因此，在实践中，要把地方支持、地方
的习俗跟社工相结合。我们在刚开始招募社工的时候，都是在本地
找。我们招了 5 个社工，后来留下 2 个，这 2 个都相当不错，起到带
头作用。虽然现在留下 1 个，但是这一个已经成为社工机构的领军人

物了。因此，本地化应该是社工的一个重要内容。

其三，社区建设没有捷径可走，是一个长期的实践过程，当然这个过程可以从简到繁地展开，当然可以基于当地的情况做出选择。我们就是从最简单、最容易做的方面开始入手，不要着急，这是"路漫漫其修长远兮"。具体地说，我们先从娱乐活动开始，然后慢慢转向学习和互助，接着从中产生社会治理，包括参与治理等。面对社区建设中可能碰到的困难，就得像沈原老师所说的，做不成功不出来，一定要有这个意志，可能十年做不成功那就二十年，这一代我们做不成，那就下一代继续做，让更多的人加入进来，所以这是个长期的过程。社会建设就是个长期的过程，不是说今天建完了就成功了，明天可能还有问题。但是最重要的是什么？就是把本地人的参与意识激发出来、把本地人的参与能力培养起来、把本地人的参与空间拓展出来，就可以实现社区建设的可持续性和永续性。当本地人自己确实能组织起来，自己能够有说话的平台，碰到问题能够表达，能够协调，不是用原来的破坏性的手段去解决问题，社会建设和社区建设可以说是达到其目的了。

当然要谈的体会和思考还有很多，比如社区建设技巧问题、社区建设的资源筹措问题、社区建设的社会组织问题、社区建设面临的文化传统问题、社区建设的社会政策问题等，限于时间，这里就不一一来讨论了。

第三章

广东省云浮市经验
——乡贤理事会：村庄社会治理的探索

蔡 禾[*]

一 案例背景

农村社会自从税费改革以后，贫困地区的村级财政基本空心化了，有些地方的村委会甚至连日常运作的费用支出都难以满足，所以它能够提供给村庄的公共产品是非常有限的，甚至可以说基本上失去了提供公共产品的能力。这就导致一个变化，即村庄公共产品的供应，尤其是在贫困地区基层农村，越来越需要依赖动员村民把自有资

---

* 蔡禾，中山大学社会学与社会工作系教授，博士生导师，中山大学城市社会研究中心主任，中山大学社会科学调查中心主任，入选教育部跨世纪人才。兼任教育部高等学校社会学学科教学指导委员会副主任委员、全国社会工作专业学位研究生教育指导委员会副主任委员、国家哲学社会科学基金社会学学科（规划）评审组成员、中国社会工作学会副会长。著有《转型中国的社会学透视》、《城市化进程中的农民工问题》、《城市社会学讲义》、《城市社会学：理论与视野》、《失业者群体特征及其社会保障》、《文明与代价——婚姻的嬗变》、《现代社会学理论述评》等。

源投入村庄里面来。我们可以用两个概念来区分这个变化，如果把过去通过税费征收获取公共产品生产的资源称为"强制性资源动员"，那么今天在一些依赖村民资源的贫困地区，可以叫"自愿性资源动员"，村委会动员村民参与村庄公共产品生产的这种动员能力可以称为"自愿性资源动员能力"。遗憾的是，现行"乡政村治"中的村委会难以形成有效的"自愿性资源动员能力"。因此，如何实现村庄的"自愿性资源动员能力"，在目前乡镇村治的格局中显得尤为重要。

广东云浮地区，这些年来一直致力于以自然村为单位的乡贤理事会的建设并取得一定成效，这为我们提供了一种思考的方向，为如何在农村，尤其是贫困地区的农村，实现自愿性资源的动员，提供了一个可以选择的路径。所谓可以选择，是指这一路径可能是地方性的，不敢确定对所有贫困农村具有普遍性，但是这确实为反思乡镇村治提供了一个机会。

粤西云浮市是一个很穷的地方，在广东省 21 个地级市里面，云浮市的生产总值还是倒数第一的。从它的人口方面可以看到，全市 2013 年的常住人口只有 242 万，比户籍人口还少了 65 万，这说明该市有相当比例的外流人口，这也从另一个角度说明该市的贫困和落后。

D 村是云浮市 F 镇 M 行政村下辖的一个自然村，这个村从历史上看，始于清顺治末年从西江迁移至此的一个黄姓人家，是个客家村，至今有 230 余年的历史，历经 12 代人在此辛勤耕耘劳作，繁衍生息，遂成为目前有 52 户人家 418 人的单姓客家村。

如同绝大多数农村地区，这个地方在实行家庭承包联产责任制以后，集体经济基本上没有了，D村的土地基本上都分给了农户，村集体手上仅掌握了共约18亩的6个鱼塘和几个不大的山头，用来出租获取收入，集体收入匮乏。他们自己算了一下，自有公社起到2009年他们建立老年基金会的时候，全村的集体收入累计才10万多元。

与很多不发达地区的农村一样，这个地方的土地很贫瘠。D村不像北方或者江浙，它的土地人均不过三分旱地，水田人均还不到三分。单纯的土地收益仅能糊口，基本上满足不了村民日益增长的生活需要和发展需求，也满足不了维持农业生产的商品化的一些开支，有时连维持农业生产的成本性开支都不足够。依靠外出务工、经商来获得收入成为村民最主要的经济来源。在我们驻村调查时，在全村415人里面有200多青壮年劳力在外工作，差不多达到全村人口的50%，老人与孩子留守的现象十分突出，是一个典型的"空心村"。

但是这个地方很特殊，D村所属的云浮市，石材生产加工有400多年历史，素有"石都"美誉，在中国是最大的石都。这里有着各种各样的建筑石材商铺，他们号称"50里长廊"，两街全是做石材生意的。D村村民外出打工或从事经营的内容基本上都在石材行业。石材行业的门槛很低，一般到一个店里去帮他打工，干了几年以后门道熟了，自己就可以开个门店做石材生意。因此D村虽然农业经济极不发达，但是村民通过打工或经营石材生意获得的收入不算低，一些家庭还得以致富。据M镇农民人均收入统计，2013年D村农民人均年纯收入约有1.2万元，高于M镇当年农民人均纯收入（8899元）。总的来讲，从中国平均农村收入来看，它并不算收入特别低的一个地方。

尽管 D 村人的实际经济水平在当地可能已经算不上贫困了，村中也不乏新建的住宅，一些家庭有了私家车，但直至 2011 年以前，D 村与许多农村一样，基本上是一个衰败的景象。D 村给人的印象仍然是村道泥泞、垃圾遍地、房屋破旧、人口大量外流，村中基本上没有生气，衰败与涣散的现象随处可见。

给 D 村社会治理带来转机的是乡贤理事会（简称理事会）的成立。从 2011 年 D 村的乡贤理事会成立时，这个村开始发生很大的变化。D 村于 2011 年 7 月 23 日通过全村 52 户代表投票选举出了由 15 人组成的乡贤理事会。2014 年，D 村进行了第二届乡贤理事会成员与理事会会长的选举，以户代表形式选了 24 个理事。在理事会成立的短短三年多时间里，D 村的村庄治理发生了显著的变化。

二 干预过程

（一）乡贤理事会的制度设计与实践

1. 乡贤理事会：制度性设计

在岭南地区，宗族和祠堂文化传统普遍存在，村民自发组织起来的自治组织并不少见。不过类似这样的自治组织一般不参与村庄社会建设的重大决策，不是村庄社会治理结构中的正式权力主体，只不过是具有单一功能的自发性服务组织。

2011 年，云浮市开始试点三级乡贤理事会，到了 2012 年，主要是以自然村为单位建立乡贤理事会，目前乡贤理事会已经成为村庄社会治理结构中的正式的权力主体。

（1）乡贤理事会的定位与职责

2012 年云浮市的《关于培育和发展自然村乡贤理事会的指导意见》（以下简称《意见》）指出："自然村乡贤理事会是以参与农村公共服务，开展互帮互助服务为宗旨的公益性、服务性、互助性的农村基层社会组织，以自然村为主要活动区域。"乡贤理事会的主要职责是"协助调解邻里纠纷、协助兴办公益事业，协助村民自治"。

由此形成了村民小组负责完成上级政府交办的工作、乡贤理事会负责村庄社会建设的，一个类似于政社分开的村庄社会治理结构。

（2）乡贤理事会的产生与组成

所谓"乡贤"是指那些"具有独立民事责任能力、能遵纪守法的经济文化管理能人、老党员、老干部等有威望、有能力的乡贤和热心为本村经济社会建设服务的人士"，"村中族老和外出乡贤"构成理事会主要成员。

按照《意见》，乡贤理事会成员需经村民选举或者推荐，上报行政村村党支部审核，经在自然村公布后确认；理事成员会议选举产生理事长、副理事长、秘书长，任期三年，原则上乡贤理事会理事长由村民小组长兼任。从乡贤理事会运行的实际情况来看，村民小组长兼任乡贤理事会理事长的情况也并非绝对，如果村民最后选出来的理事长不是村民小组长，政府也会尊重，D 村的情况就是如此。

在我们调查的 D、S、B 三个村中，D 村的村民小组长与理事长是分开的，S 村和 B 村则是兼任的。不过即使这样，乡贤理事会的话语权也不一定掌握在村民小组长手上，在 S 村，理事会的话语权是掌握在村民小组长手上；而在 B 村，话语权则掌握在非村民小组长手上。也就是说，理事会的运作逻辑与村民小组的运作逻辑还是有差别的。

（3）乡贤理事会的基本原则

按照《意见》，乡贤理事会必须坚持党的领导和村民自治原则，"村民的事情村民定、村民的事情村民管、村民的事情村民监督"是乡贤理事会最主要的工作机制。从乡贤理事会运行的实际情况来看，由于政府对乡贤理事会的干预较少，自治、民主的原则在乡贤理事会层面的实现程度要远远高于在行政村村委会。

到 2012 年年底，云浮市在 8203 个自然村中建立了乡贤理事会，其理事会成员中老干部占 10.2%，老教师占 4.1%，老模范占 1.06%，老村干占 6.34%，村民代表占 17.0%，复退军人占 4.2%，经济能人占 13.98%，外出乡贤占 35.47%，其他占 7.67%。可以看出，乡贤理事会作为自然村一级的社会治理主体，其人员结构更具多样性。

2. 乡贤理事会：D 村的实践

（1）规范的管理制度

在三年的时间里，村庄所投入的经费是非常大的。现在既可以看到村庄本身发生了什么样的变化，也可以看到在 D 村的实践是怎么做的。2014 年的时候它选了 24 个理事成员，平均年龄 43 岁，年龄最长的 66 岁，最小的 32 岁。24 人中有 20 人其实在外面从事经营活动，所以在村里面的主要是两位老师、一位医生和 1 位退休干部；理事成员的文化程度，4 人是中专，18 人是初中，1 人是小学，1 人不清楚。

村民阿汉经营石材生意，他虽然不是村民小组长，但连续两届当选为理事长。理事会成员绝大多数在外谋生，只有两人定居在村里。秘书长留在村中负责理事会的对内服务与对外接待等日常工作。那么这里面就有两个人留在村子，秘书长是村里面的，维持日常工作。这是他们的理事会的一个基本情况。

D 村在理事会成立之初便通过了自己的理事会章程，当时的理事会章程定了很多规则，并在第二届换届选举后对章程进行了修改，使之成为理事会运作和处理与村民小组关系的地方规约。在这里需要解释一下村民小组，这个村是个自然村，不是行政村，所以有村民小组。村民小组相当于一个体制化的制度安排。这个规则明确区分了它的职能范围。章程对理事会的职能范围和职责、议事机制、财务制度，以及评议机制做出了明确规定，同时对理事会接受村民监督进行了规范。D 村村口树立着一个醒目的宣传栏，D 村理事会的章程、每个季度的工作进度、财务支出明细、理事值班人员都清楚地写在上面，向村民公示并接受监督。

（2）灵活的议事办法

理事会成员常年在外，但是理事之间通常有一个日常的协商和讨论机制，一般是通过微信、QQ 等网络工具或电话，使乡贤们在脱域的情境下参与村庄社会治理成为可能。同时它有一些临时性的，或者说不常规化的会议。为了保证理事会成员的到会率和村民的参与率，理事会的所有重要会议的召开或重要工作的开展都会选择在节日期间举行，而大年初三是固定不变的村民大会。这是它的传统，也是全体理事回来要讨论重要工作的时间。

对于一些大的村庄建设项目，乡贤们采取了轮流返村主事的办法，即乡贤们轮流返村工作一段时间，直接主持项目建设和理事会工作。打个比方，这几个理事虽然在外面有工作，但是这个月我回来，下个月你回来，分别来主持村庄的一个工作。所以它是一个非常灵活的议事机制。

（3）多元的募资形式

第一个是全村动员。从历史的角度来说，在每年的大年初三，包括在理事会成立之前，就有的一个传统，即召开村民大会。村民大会开完之后，开始进行认捐，你可以有多少就捐多少。用大家捐出来的这个钱形成了老年基金会，现在仍然有这个基金会，作为整个村庄的发展基金。

第二个是借助传统的节日。当地有个民俗"安农节"，"安农节"就是说它把一些安农的物品供在一些相当于神台的地方。他们在农村里面有祠堂，他们把安农物品拿到祠堂里来义卖，比如这件物品 5000 元钱，谁愿意买就买，一般买了的人有好意头，很吉利。实际上是通过这个方式集资的。不过这个方式现在受到点影响，说它有迷信色彩不让搞。

第三个是劝资。什么叫劝资？比如村里有一个大的建设项目，需要认捐。当然在全村讲这是全体村民的事情，捐多少都不限，只要捐就行。但 D 村理事长也会下来做些动员工作。比如会讲，"你看这是我们大家的事情，你好歹认一点。"他说："我们叫作'任务性捐款'，但是我们不强迫你捐多少，底线就是有关我们全村的事情，你总要捐一点，因为对你是有利的。"

第四个是有时候会引入市场机制。比如它的文化大楼需要几百万，而这是捐款做不到的，即便是通过一事一议、以奖代补也拿不到这么多钱。它就准备就拿一层将来做卡拉 OK，那怎么办呢？你可以认捐，把你记下来，这就相当于市场化融资。你投一点钱，我就把这个股份记下来，将来如果真的这一块有点什么收入，理事会的钱可以独立支配，你们可以独立来做。

所以它通过四个方法，初步成了一个由乡贤带头、所有村民家庭根据自身能力参与捐资为主、市场化集资为辅的多元募资机制。

（4）协调关系的情理法则

在乡土社会里，村务决策过程并不是简单地靠少数服从多数就能解决问题。实际上农民的利益是有差异的，仍然是有矛盾的，"你把道路建在我家里，占了我一块地角"，面对这样的情况还是要讨价还价的。但在这个过程中会发现，它基本上遵循的是一个情理原则。往往出现这个问题的时候，基本上是由乡贤出面进行动员说服工作，这个时候是看不到小组长的。而说服工作主要依靠的不是村民决议或理事会权力的强制力，而是乡土社会的情理法则。人情关系的运用和施以村庄发展的族群压力是最常见的说服手段。

所以乡贤理事会在动员村民参与、提供公共产品、推动新农村建设上，取得的成效是非常明显的。由此理事会赢得了村民的信任，成为村庄社会治理中有威望的治理主体。那么问题是它何以可能？自愿性动员确实是很难的一件事，在 D 村是怎么形成的？

（二）D 村的变化——D 村新貌

1. 村庄的环境得到改善

第一个变化是村庄环境的改善。它建了一个 3000 平方米左右的集娱乐、游玩、绿化为一体的亲水公园，又建了 4 米宽 1.8 公里长的水泥环村道路，也建了文化广场、篮球场、文化大楼。另外还规划了农民公寓和人畜分离设施。这样做是因为现在农村没有宅基地了，年轻一辈分不到房子。鉴于这个情况，村里决定建农村公寓，只要是村里的人，将来都有权利分这个公寓，然后又做了人畜分离的设施。

2. 村民的福利得到提升

第二个变化是老年福利得到提高。2009 年的时候有个老年基金会，但是乡贤理事会进一步将它加强了，规定每月给该村 60 岁以上的老人发放养老补贴，60 岁以上的老年人，60 岁有 60 块钱，70 岁就有 70 块钱，百岁老年就是 100 块钱。每年春节给村中贫困家庭发放不低于 1000 元的慰问金。此外，它设立了教育基金，对村中凡是考上大学的学生每人发放一次性奖学金 3800 元。更重要的是，它还设立了创业基金，以有偿低息贷款形式为信用好的年轻村民提供小额创业资金，至今共为 32 名村民提供创业资金共 66 万元。另外，乡贤理事会建立了 D 村联防队，维护社区治安。为了应对村民健康卫生和社会治安等各类突发事件，更好地服务村中老人和小孩，还购置了一台车。

3. 村庄社会整合得到加强

第三个变化是村庄的社会整合得到加强。由于乡贤理事会建立了一个制度化的公民参与平台，不仅使在外工作的村庄精英有了返乡参与村庄社会治理的平台，也通过"民事民议、民事民定"的议事原则让更多的村民参与，按照"一事一议"的原则组织起来。环境改善、村民福利了提高了，所以得到了留守村民的赞许，增加了他们对村庄的荣誉感和自豪感。他们常常说，我们村怎么怎么样，别人村不如我们。尽管一些外出打工或做生意的村民仍然会长期生活在城镇，但是他们回乡走走的意愿增强了，把家乡建设成宜居家园和归宿开始成为他们中一部分人的愿望。一些人表示："我老了一定要回到这个地方。"

三　理论讨论

（一）"乡政村治"需要回到社区共同体

第一个观点就是乡镇村治需要回到社区共同体。在我国，农村的治理是以"行政村"为单位的，"行政村"本质上是政府实施农村管理的最小行政单位，是政治学意义的"政区"。这个政区的管理是依据政府的行政管理需要而划定边界的。政区是随时调整的，它可以随时变化。中华人民共和国成立六十年多来，政区的变化是非常大的。但问题是，村庄要实现动员的前提是让村民能够认同你，而村民对"村"的认同首先是"自然村"，这是在世代为邻的地缘关系基础上形成的乡村共同体，是真正具有社会学意义的"社区"。即使改革到今天，农村集体核算的土地仍然是以村民小组（自然村）为边界的，每个村民小组都是独立的。所以这个经济基础是存在的，并且存在地缘关系带来的亲缘上的认同。即使村庄里有很多人外出，保留在他记忆里的家乡的感觉却是以自然村为边界的，这是非常重要的一点。自然村才是社会学意义上的社区，在自然村里面，村民之间的互惠、信任是更容易形成的。即使我们说今天的村庄在衰落，但是要激活的话，显然是在这个边界基础上形成的，因为社区的基因在这里。

所以在自然村内，村民之间的信任和互惠更容易形成，族群关系等非正式制度只有在这种存在非正式的约束、互惠和信任的自然村里面，才能够在利益关系调节中发挥作用。通常来讲，村庄是一个非正式运作的地方，是一个人情社会，但不是在所有地方都有人情的，当一个官员来的时候，没有人情可以谈。但是当村里的一个乡贤去谈的时候，这个时候他可以充分地运用乡村社会的规则。比如说你要占我一米宽的土地建一条政府的公路，那么你要赔多少钱。可是我们村里面建一个环村公路，我来跟你谈的时候，他是开不了口要这个价的。所以这种非正式的讨价还价，是通常讲的情理法则，它一定是在认同的共同体里才有效，没有这个东西的话，是没有效的。

所以在这一种形式下，自然村里面公共产品生产的目标选择和实施计划相对于行政村来讲更容易达成，它也能够形成自下而上的渗透，所以能够有效地实现，因此能更有效地实现对村民的自愿性动员能力。笔者始终认为行政政区和我们所讲的社区建设，不是一个概念。其实今天讲的社区，很多时候是政府的一个行政的政区的概念，是希望把政区建设成一个社会学意义上的社区。那么这之间的紧张关系究竟要怎么去排解，如果不排解的话是很难做到的。那么社区建设通过什么途径去完成？社会组织的作用在哪儿？笔者认为这是值得考虑的。

（二）以制度化的权力让渡保障村庄合作治理的形成

第二个观点是，在中国没有政府认同是不行的。如果没有一个制度化的权力让渡，那么村庄治理也就无法形成。D村的乡贤理事会之所以能在村庄社会建设中发挥如此显著的作用，是因为云浮市通过《意见》在自然村一级让渡出社会治理的权力空间。在 2011 年的时候，云浮市有一个关于在镇乡村三级建立理事会的建议，到 2012 年的时候这种做法只在自然村里推动。也就是说，在镇和行政村的推动其实是不成功的。在这个过程中它明确规定了：自然村乡贤理事会参与农村公共建设，形成互帮互助为主的公益性、服务型、互助性的农村基层组织，并且以自然村为范围。乡贤理事会的责任就是协调矛盾，新建公共事宜并协助乡村自治。那么村民小组长管什么呢？他们负责管上面交办的事情，比如说行政村交办的事情。我们去的时候，小组长正在管医保新农合的收费和计划生育。这个很明确，乡贤理事会不管这些事情，这是村民小组长管的事情。但是，凡是涉及村庄公共产品的建设的事，就是乡贤理事会的事了，这也就是说在村庄里面形成了一个类似于政社分开的治理结构。

（三）精英回归与村庄社会治理能力的提升

那么什么叫乡贤？乡贤不是指过去传统意义上回到村里的能人。凡是这个村里的人，哪怕他走出去了，只要是从这个村里出去的，在他们看来都是乡贤，基本上包括村中的族老和外出的贤达。按照文件，乡贤的产生在原则上理事长一职是要由自然村里的村委会主任和村民小组长兼任，但是实质上在选举的过程中并不严格。笔者去了三个村，现在做的这个是第一个村，村民小组长根本连理事会都没选进去。第二个村的情况是，他们选出来的理事长是小组长兼的，但理事长并没有真正的话语权，话语权在村里一个出去在政府部门工作的人手中，是一个拥有干部经验的人。只有第三个村小组长和理事长的权力是合一的。举这个例子就是说，乡贤理事会的自治运作和村民小组长的逻辑还是不同的。相对来讲，政府让渡的空间还是较大的。笔者跟市一级的社工委领导谈起这件事，他们告诉我，他们的原则是：只要是村民选的，我们就认同，我们基本不干预。

我们的第三个观点是乡贤理事会的基本原则要求"民事民定、民事民议、民事民管、民事民监"，从实际情况来讲，这个原则的下放程度还是比较高的。

总的来讲，在乡贤理事会的领域里面，它的自治原则和村民自治的原则的实现程度要高于行政村。他们自己有个统计，一共在8203个自然村建立了乡贤理事会。那么它的格局是什么样的呢，是在自然村一级形成了一个治理的权力主体，而这个权力主体的人员结构是具有多样性的。这是笔者想阐述的第二点，在中国要真正地实现村庄自治，毫无疑问，政府必须有一个正式的制度化的方式，让渡一定的权利空间，没有这个空间是不行的。

但是它之所以能够让渡成功有一个很重要的因素，就是它没有在政区层面上让渡。自然村是行政村的下一层，这就导致它并不和正式的制度安排的权力产生一个平行的竞争关系。这个乡贤理事会当年是广东进行社会观察和社会创新的观测点，当地政府在选点时还请了俞可平的团队到当地考察。当时很理想化，乡贤理事会要在镇、行政村、村民小组三级建立，而且是以一个权力主体身份参与，比如镇政府开会和党委重大事情要让他们参与进来。可是最后发现，这样根本运转不了。

之所以在镇和行政村难以实现，第一，在如此大的一个镇和行政村的边界里面，这么多乡贤要回来并不容易；第二，这个在权力上进行让渡非常困难，让乡贤参与党委决策太难了，但是在自然村是可以的。精英回归对村庄建设的眼界还是不同的，乡贤多半是各个领域的精英，他们的参与毫无疑问对村庄来说是有影响的。比如说村庄早期要建路，村里的村民小组长说，建条路三米宽就够了，可是这些乡贤回来说三米不行，将来村庄要发展，是要开车的，至少要两车道。这个理念是完全不一样的。比如说当要建房子时，应该怎么来建、怎么规划，你就会发现出去的人和在村里的人，视野真的是不一样的。乡贤的回归，对村庄建设这一点是有用的。但是大多数乡贤不在村里居住，有人就针对这点批评乡贤理事会实际上不可运作。但是乡贤理事会在治理上，尽管他人在外面，但不等于他不在场。通过乡贤的定期返乡和现代化的信息沟通技术，实际上乡贤理事会实现了一个跨域合作，所以他实际上是在场的。尽管人的身体不在村庄，也是有可能实现治理的，也是能承担他的责任的。

当然对乡贤理事会还存在一个说法——不过是有钱人回乡搞建设。改革开放以来乡贤回乡这是在很多地方都存在的，主要是指个人捐赠的事迹。这种乡贤回乡，他能增加村庄的公共产品，但是他难以促进村民参与村庄公共事务。例如，回乡乡贤捐一笔钱用来建个学校后，人就不在村里了，村民也没有参与感，也没有认同感。在 D 村，村庄公共产品的生产实际上并非是乡贤的个人行为，而是经过"民事民议、民事民定"的程序，由乡贤带头，村庄内所有家庭都根据自身能力的参与公共事务的过程。比如说要捐 100 万，我捐 10 万，你捐 20 万，还缺几十万，怎么办，每个村的村民每个家庭能不能捐一点？从这个意义上讲，D 村的乡贤理事会是一种动员村民参与村庄公共事务、实现资源动员的社会机制，而且它在生产公共产品的同时也在生产村民的公共精神和民主能力。

第三，乡贤回乡在学界带来了一个批评，叫作资本下乡，学者担忧这是否会加剧村庄内部社会分化。笔者以为，有这个担心是可以理解的，但是乡贤捐资与在一些地方出现的"资本下乡"是有本质区别的。前者不是以获利为目标，建设家乡的愿望和荣誉、声望是他们的主要追求，而基于社区共同体的伦理和规范也会制约乡贤从公共产品生产中获利的冲动；而后者则是以获利为主要目标，作为外部人，他们的行为往往只遵循市场逻辑，社区共同体的伦理和规范对他们没有约束力。

四　社区营造的启示

以上三点在这个研究过程中是值得我们考虑的。当然也从这里面看到它是有局限的。可以看到无论是政府还是乡贤理事会，他们在村落的发展目前基本上是在硬体的建设上，即在一些物化的公共产品生产上面。那么物化的公共设施是不可能永远建下去的，因为它总是有限的，它也不会必然地在留守居民中产生可以持续的经济社会文化的互动和活动。建了一个公园，建了一个文化楼，可是有没有人在里面活动。村庄社区共同体的维系和整合，实际上需要有长期和密切的社会互动，也就说怎么在村落里面，特别是在有200多人外出的村落里面，增进人们的交流。通过这种真正的社会性的活动来增加信任和情感，至少现阶段的这三年里面看到的并不多。当然应该说建了一个公共空间，它就会增加活动。就好比建了篮球场，一些打工的青年人回来就可以打篮球，他们会很高兴，他们会觉得村里还有篮球场，那就会去捐点钱。当然本身要有这个场地，才可能有一定的公共活动。但是如果没有一个稳定的和持续的发展的话，它的效用是有限的，所以这是值得思考的。这些年来，就像罗家德他们在做的这个干预，将社区营造的理念运用到一些贫困地区的发展上，尤其贫困的农村，笔者所在的系里也有老师在做这个，他们基本上是通过引入村庄外部的NGO，来动员和组织留守的村民、发掘地方传统文化、提高合作和发展能力。我觉得从这个意义上讲，这些 NGO 是以非物化的公共产品为理念，提供非物化的公共产品和工作手法来推动乡村发展的。

当然，笔者观察到的一些老师以外部 NGO 介入做的这类社造也有个基础性的问题，即它依赖外部 NGO 组织精英和外部资金进入来进行营造，但是如何形成村庄的内生力量成了一个问题。而且一旦外部介入后再撤走，社区营造自身的持续性就会受到挑战。而乡贤理事会的最大特点，就是它没有依靠外面的一分钱，它完全是依靠内生的力量形成的。乡贤理事会是基于中国传统文化建立起来的，是村庄内生的治理主体。如果这一主体能够与现代社会 NGO 的组织理念和方法相结合的话，乡镇村治一定会产生一个具有创新性的格局。

当然云浮这个地方也有它的特殊性。第一，这个地方可能和其他的地方不太一样，它是单姓村，而且有客家文化和祠堂文化。这是它很重要的一点，因为这说明了它的一个历史基因。但是反过来想问一个问题，这个村庄曾经也是一个非常凋敝的村庄，为什么现在它变了，至少它用某种方法激活了它基因内的东西，这是非常重要的，因为这源于它的自身。

第二个特殊性是说这个村庄里面确实有少部分人在外面有了经济能力。他们政府自己说，在 8000 多个自然村里面的乡贤理事会，有1/3 大概是做得不错的，有 1/3 大概是很平常的，还有 1/3 其实没有什么作用。

当然还值得考虑的是，目前基本上可以看到，乡贤理事会的功能基本上在物化的公共产品生产上，一旦乡贤理事会的功能超出了物化的公共产品的供应，全面进入村庄的经济、社会和文化活动，它与行政村的村民委员会和村民小组之间紧张的关系是否有可能就此产生？我们在另外一个村做调查的时候，它的乡贤理事会已经提出，村庄发展不能老靠捐款，一定要发展自己的村庄经济，乡贤理事会已经在规划如何去开发村落的经济、如何去整合土地。一旦进入这个领域，显然就会和行政村的权力产生碰撞。

那么这种紧张程度和处理方式应该如何进行考虑，笔者觉得目前并没有答案，有待于实践的发展。笔者的"手很干净"，对所做的研究案例没有进行任何干预，谈不上"社造"，或者说，这个案例是一个源于本土内生力量的"社造"。

第四章

大栅栏经验
——老旧街区的社区建设研究

沈　原　李阿琳*

　　清华大学社会学系的社区研究及社区干预始于 2005 年。研究的社区类型广泛，基本覆盖老旧街区、保障房小区、商品房小区等。2014 年，清华大学社会学系研究团队正式进入大栅栏地区，进行社区建设研究与干预。

---

* 沈原，清华大学社会学教授，在新经济社会学、国家与社会关系以及市民社会的生成与发展、城市社会运动、社会干预等具体研究方向进行了一系列尝试性的社会调查与研究。他的学术论文发表于《社会学研究》以及《社会》等刊物，包括《社会转型与工人阶级的再形成》、《社会的生产》等文章。著有《市场、阶级与社会》（社会科学文献出版社，2007）。主要研究领域包括新经济社会学的理论与方法、组织社会学等。李阿琳，北京工业大学社会学系副教授，硕士生导师。著有《就地城市化：强政府与弱产业的农村发展》等。

大栅栏实验是清华大学自主科研社区建设驱动的旧城改造和文化重建项目（项目编号：523013007），由沈原、罗家德主持，李阿琳、梁肖月、王海宇等参加。项目自 2014 年开始实施，项目包括社区社会组织孵化、院落空间与社会关系调整、传统文化产业创意三个主要部分，形成了多篇学位论文和多篇期刊论文。

本文首先简要介绍大栅栏作为北京市老旧街区的基本特点；其次介绍清华团队在大栅栏开展社区建设的干预过程；最后提炼理论依据，并概括其对社区建设的启示。

一　案例背景：大栅栏——典型的北京市老旧街区

大栅栏有一个典型特征：它是北京的老旧街区，是北京作为历史文化名城的核心部分。北京从 1993 年就开始注重历史文化的保护，迄今北京共有 43 片历史文化保护区，其中有 33 片分布在城区。2015 年，全国开始设立历史文化街区。不过，北京只有三片进入了全国历史文化街区名单。大栅栏就是其中一个，而像大家比较熟悉的什刹海、南锣鼓巷等，都因为商业气氛太浓落选。而大栅栏是北京老旧街区传统平房院落生活区的典型代表。在大栅栏，我们还可以看到传统的院落、胡同，以及其中的居民生活。

大栅栏街道占地 1.26 平方公里，共有 9 个社区。当地户籍人口是 5 万，但是其中有一半已经不在大栅栏居住，剩下的本地人大概有两万多人。同时，大栅栏街道还有大量涌入的外地人，所以常住人口接近 4 万。

为什么大栅栏能成为历史文化街区。清朝时期，汉人不能进到内城，所以在这个地方聚集起来，使这里成为北京底层民众市井商业文化的聚集地。其文化传统主要有三：第一，徽班进京后，大栅栏地区作为诸多京剧名家的居住地和演出地，蕴含了丰富的梨园文化；第二，从清代中叶开始，北京城内最具代表性的钱庄、票号、银行大都聚集在大栅栏地区，形成了大栅栏地区的金融文化；第三，许多商业老字号也聚集于此，形成独特的商业文化。在大栅栏街区，还有一些相关历史建筑遗存，例如钱庄、青云阁商场等。不过这些传统文化，现在被许多低端商品旅游业遮盖了。

而现今，大栅栏街区呈现社区衰败的现状。经过调研，清华团队将其总结为四个方面。

第一，本地人群多弱势。经过调查，户籍人口离开了一半，留下的本地居民以65岁以上的老人为主，其中不少是低保户。而这些人，绝大部分是20世纪五六十年代，在北京工厂进社区及北京南城工业化背景下，居住于单位公房的工厂工人。所以这些老人其实也不是传统的"老北京"。他们现在面临的问题：一是退休或下岗后，收入非常低，很多老人靠退休金、低保维持生活；二是邻里关系不和谐，矛盾多，对社区缺乏认同，尤其是因为生活方式、资源竞争等原因，与居住在当地的外地人产生了较多矛盾。

第二，胡同里有近半数的外地人口。外地人有以下特点。他们主要做小生意，开小门脸，做餐饮、维修、低端商业旅游等。他们的人均月收入2000～4000元不等，大多租住平房，一间10平方米的平房每月租金500～600元。他们与本地社区关系很弱，对社区缺乏认同感，与本地人关系比较紧张。其中一个原因，用沈原老师的话说，就是外地人从事飞地商业——其商业行为大多不是基于本地人需求，与本地社区发展没有太大关系，更谈不上是北京的传统文化或大栅栏传统市井商业。

第三，住宅破旧，居住拥挤。一个院子通常会住十户以上，一户人家三四个人就挤在一个十平方米的房子里面。没有下水，院落渗水严重，导致整个居住环境特别恶劣。这其实也是年轻人搬走的一个原因。

第四，公共环境脏乱差。居住环境糟糕，居住空间狭小，所以居民把能够摆在外面的物品都摆在外面，胡同的公共空间被各种生活设施、汽车、自行车、垃圾等占用。加之电线乱搭、商业噪声、狗粪处理不及时，公共环境得不到保证。

上述四方面使得当地社会关系更加紧张。邻里关系，包括本地人和外地人、外地人和外地人之间的关系都非常紧张，人们常常遇上一点小事就吵得不可开交。

二　干预过程

在上述情况下，社区建设要如何开展。清华团队计划分前期、后期两个阶段，搭建完善三个平台，进行大栅栏社区建设。

（一）前期调研与社区动员

前期（2014年年初至2015年上半年）主要做前期调研与社区动员等准备工作，了解社区特点、居民的社会人口结构，尤其是各方矛盾所在。2014年，团队做了大量的基础调查。沈原教授和罗家德教授牵头组建了社会学系大栅栏社区建设课题组，并建立基地，进驻抬头巷。课题组得到了市区社会办、大栅栏街道工委和大栅栏投资有限责任公司的支持。长期有几名研究生，带领若干志愿者住在基地，进行社区调查，开展各种活动。

1. 前期调研

团队做了详细的社区调查，并建构了基础数据库。该调查分为两类：一是基本普查，二是深度调查。

基本普查包括 9 个社区的院落信息普查、房屋信息普查和人口信息普查，在此基础上团队建立了基础数据库。基于房屋信息普查，可以了解房屋产权情况、房屋管理情况等。基于人口信息普查，可以动态了解当地人口年龄结构、性别结构、工作情况、政治面貌等。由于当地半数以上本地人为老年人，所以团队特别建立了老年人口数据库。针对占常住人口比例较高的流动人口，团队专门建立了流动人口数据库，并基于数据进行了一些深入分析。

深度调查包括以下三部分。

首先，2014 年对耀武胡同进行的深度访谈，访谈内容包括四个面向：①居民类型和生命史，②居民对街区改造工作的看法、对整个社区的期待、对未来生活的想法，③居民对房屋建筑的想法、对公共空间的看法、平移意愿，④居民内部自组织的资源和可能性。

其次，2015 年春，团队针对大栅栏传统手工业与历史文化资源开展了调查。尽管大栅栏的历史文化资源丰富，但工业化使大栅栏的传统产业集群慢慢消散，该行业已经慢慢没落，后继无人的状况非常严重。虽然调查阻力重重，但团队已经通过街道办事处和居委会既有的人脉关系寻找手工艺人，并借助他们的个人人脉寻访更多手艺人，对其作品和技艺进行文字或影像的记录。

最后，2015 年 5 月，团队招募高校学生志愿者，对三井社区进行了一次大规模入户调查，共完成有效问卷 372 份，其中本地人问卷 242 份，外地人问卷 130 份。在了解社区人口结构、民生问题、日常生活等基本情况的基础上，此次调查着重了解居民对社区社会组织的参与意愿与所需类型、被调查者的人际关系网络、社区动员模式和不同人口对社区事务的参与程度与参与需求。对上述问题的调查结果将为团队后续社区自组织培育工作提供依据。

2. 社区动员

除了社区调查，团队还组织过多场讲座、沙龙，充分动员社区居民不断了解、认同、参与社区营造。

2015 年 8 月 3 ~ 6 日，清华大学社会科学学院信义社区营造研究中心（以下简称中心）在虎坊桥会议室举办了大栅栏"发掘文化特色的社区营造"工作坊。共计 49 人成为工作坊学员，其中半数为大栅栏街道社区居民及社区社会组织代表。工作坊聚焦于通过挖掘地方特色文化以逐步实现全面社区营造的思路和工作方法，强调社区的营造规划对社区文化的传承和创新。此次工作坊由清华大学社会学系教授、信义社区营造研究中心主任罗家德教授领军，信义社区营造研究中心执行顾问孙瑜、副秘书长徐华、研究助理曾凡木以及北京梧桐学苑公益发展中心创始人李洁担任讲师，并邀请来自台湾地区的两位资深社区营造专家学者——台湾联合大学建筑学系、台湾社区一家幸福行动计划执行长王本壮教授，和台湾社造联盟理事长、吾乡工作坊执行长卢思岳老师分享社区营造经验，带领学员学习如何将想法运用于所处社区。

工作坊分为以下板块展开。

①理念宣导：社区营造概念框架的梳理；

②技能训练：社区创业、社区营造中文化可持续专题讲授，社区营造案例解读，社区动员、社区资源调查与文化创意产业经营等主题培训；

③成长分享：团队建设，以多元形式进行总结和经验交流，自我察觉，共同成长；

④分组讨论：以大栅栏街道的 9 个社区为分组依据，组员通过讨论交流以及导师指导，进行计划拟订和展示。

经过四天半的学习交流，学员对社区营造有了初步概念，对社区有了新的认识与感悟，并在工作坊结业仪式上将团队努力的成果——社区营造项目初步构想予以展示，并得到中共北京市委社会工作委员会副书记、北京市社会建设工作办公室副主任张坚，大栅栏街道工委书记田静，大栅栏街道工委副书记、办事处主任王志忠，以及办事处副主任王佳的肯定，他们也希望以此为契机，与清华团队一同创新社区服务模式，让更多的居民参与到社区服务中来，为居民提供更广泛、更优质的服务，努力提高社区治理水平。

此外，2014 年和 2015 年，清华团队组织或协助组织了"大栅栏老北京文化创意系列讲座"和"发掘文化特色系列沙龙"。多次邀请北京市社会科学院历史所研究员李宝臣老师进行老北京市井文化系列讲座。协办由杨梅竹斜街新进店主参与的文化沙龙。组织"大栅栏食堂｜城市菜市场将会走向哪里"主题沙龙，由城市规划师、社会组织、高校学

生、社区居民等共同参与，探讨大栅栏菜市场发展的各种可能。主办
"推陈出新：手工艺项目更新沙龙"，团队同设计师、手工艺人等共同
探讨大栅栏地区老北京手工艺的未来。协办由社区居民导览游胡同的
"走进大栅栏——讲述老北京特别活动"。主办"大栅栏市集 | 长桌宴之
特别企划：菜·本味 VEGE·TABLE"，在 2015 年北京国际设计周大栅
栏长桌宴活动期间，召集规划师、设计师、老菜贩、居民，用设计的力
量提升大栅栏天陶菜市场的品质，在保留其原有卖菜功能的基础上，融
合社区交往、居家养老、文化交流等新功能，使之成为充满魅力的社区
活力中心。举办"社区营造微沙龙"，邀请台湾社区营造专家林德福先
生，同对社区营造尤其是大栅栏社区营造感兴趣的人士分享日本、中
国台湾早期社区营造开展模式，共同探讨社区营造实操模式与方法。

（二）三个平台建设

经过前期工作的铺垫，团队依据沈原教授的建议，依托三个平台
开展大栅栏社区建设工作：社区社会组织平台、据点院落建设平台和
传统文化产业创意平台。

1. 平台一：社区社会组织平台

社会组织方面，抓手一定是具备内生力的社区社会组织，而非外
来 NGO。经过前期阶段对大栅栏社区社会组织进行的调查，团队发
现，大栅栏街道共计存在过 86 个社区社会组织，但三分之一已经死
亡，三分之一以兴趣团体为主，另外三分之一基本没有活动。比较活
跃的社会组织有三类：作为京剧发源地，大栅栏地区活跃着百事顺遂

京剧票社；当地有大量流动儿童，他们的教育需求不容忽视，应运而生活跃着三井社区青少年教育协会；此外，还有一些助老服务社会组织也相对活跃。但是基本没有解决社区矛盾、增强社区凝聚力、提高居民公共意识的组织。而诸多案例表明，外来社会组织往往无法从根本上解决社区内生问题。在此情况下，团队提出，要基于社区自身的需求，慢慢培养社区居民的主人翁意识，提升居民共同议事解决社区现实问题的能力。所以罗家德教授自 2015 年开始举办的社区营造工作坊，在进行社区社会组织培训时，主要针对社区居委会干部、社区能人，以及现有社区社会组织负责人，并不对外来社会组织进行培训。

社区社会组织平台的建设发展主要分为三个阶段：公益微创投项目开展、社会组织孵化基地落成和组织培育工作的开展。

（1）公益微创投项目开展

公益创投将风险投资的理念和技术应用到公益领域，与传统慈善捐赠不同的是，资助方不仅对受资助组织提供资金支持，还为其提供专业能力建设和管理技术支持，通过项目化运作的形式，提高公益事业和社会服务的效率，同时促进社区社会组织能力的提升。社区公益微创投由社区居民主导、为社区公共事务服务项目进行小额公益资本投入，虽然是微资金，却是大公益。

大栅栏街道首届公益微创投项目

2015 年下半年，清华大学社会科学学院信义社区营造研究中心作为学术支持单位，同主办方中共北京市西城区委大栅栏街道工委、北京市西城区人民政府大栅栏街道办事处和承办方梧桐社区大学一起，开启了大栅栏街道第一届公益微创投项目。

2015 年 7 月，团队在大栅栏街道进行了为期一个月的基线调研与项目动员，引入企业、媒体、高校、基金会等跨界资源，激发社区居民和企事业单位参与社区公共事务的热情，动员居民参与公益微创投项目竞赛，最终共有 30 多个社区项目报名。2015 年 8 月 3 日，团队在大栅栏街道进行"我们共有一个家"社区公益微创投大赛的启动仪式。其后的两个月间，团队在大栅栏街道为项目参加者举办了四次工作坊，培训引导居民完善团队和项目建设。

2015 年 9 月 17 日，"我们共有一个家"社区公益微创投大赛的评选工作启动，每个社区精选的项目团队进行项目汇报，并逐一接受三位评审专家的点评。在 30 多个参赛项目中，参赛者们结合所在社区的具体情况，配合已有资源，提出了很多服务社区的项目。经过专家评审评议，最终有 20 个优秀项目脱颖而出，每个项目将得到支持其后续半年活动的 5000 元活动经费，以及长期的能力培力与技术支持。征集并评选出的 20 个项目都是具有创新、引领、示范意义的公益项目，主要包括如下三类。

①服务特殊群体：针对失能失智失独老人、残障人士、低保家庭等困难人群开展服务的项目；

②推动社区发展：围绕教育、文化、卫生、环境保护等社区公共事务的创新项目；

③引领社会风尚：引领青年社会风尚、塑造青年公益文化、助推青年参与、提升城市人文品位的公益项目。

入选的20个项目名称详见表4-1。

表4-1　大栅栏街道第一届公益微创投项目

项目序号	项目名称	所属社区
1	弘扬传统文化　美化胡同院门	石头社区
2	美化环境　扮靓我家	
3	亲情回归，快乐全家福拍摄活动	
4	社区居民故事，绘制社区文化地图	
5	"老玩意"的平生与弘扬＋街角戏剧	延寿社区
6	单弦队	
7	琉璃厂东街文化导览队	大安澜营社区
8	民生驿站	
9	萌动小虎助力社区养老（福寿百年互助社）	煤东社区
10	女子消防队	铁树斜街社区
11	残障人士服务队/彩虹桥	
12	成长加油站——文化传承小使者	三井社区
13	爱心畅行便民服务岗	
14	家庭公益博物馆	西街社区
15	社区总动员，共建口袋公园	前西社区
16	统战艺术团	
17	养犬自律协会	
18	京剧寻根，乐在百顺	百顺社区
19	四合院整治计划（院长俱乐部）	
20	社区广场舞，舞动京剧韵味	

大栅栏街道第二届公益微创投项目

清华大学社会科学学院信义社区营造研究中心与大栅栏街道在2015年的合作基础上，于2016年5月起多次沟通新一年的合作方案，总体思路仍然遵循社造理念，实施四步实务操作流程（详见下文）。在顺利结束第一年公益微创投项目后，于2016年启动第二届公益微创投项目。

大栅栏街道第二届公益微创投项目的实施分为以下步骤：与社区书记和主任沟通、举办社区宣讲会、与社区能人沟通、开展活动追踪及跟访、鼓励社区自组织内部讨论磋商并确定实施计划、辅导社区自组织撰写项目书、辅导项目资金预算、项目优化及立项评审会汇报排演辅导、立项评审会项目汇报与评审，以及形成2017年公益微创投项目最终方案。

大栅栏街道第二届公益微创投项目工作于2016年10月开始。清华团队扩大宣传力度，制作并发放"社区能人集结令"，不断普及社造理念。其后两个月间，团队共拜访大栅栏街道9个社区居委会一把手31次；经过100余次社区能人拜访，挖掘出9个社区的34位社区能人，激活并形成了19个自组织种子；经过专家与社区居民的共同评审，最终16个社区自组织项目获得资金支持。清华社造团队的每位成员定期追踪分配到的社区自组织，持续跟进能人情况，为每个项目团队提供陪伴式辅导，提升其项目运作及管理能力。

具体来讲，第二届公益微创投项目的开展遵循了下述实务操作流程。

①举办公益微创投宣讲会，社区营造理念入民心

为了进一步扩大公益微创投项目的宣传力度，将社区营造理念深植社区居民心中，清华团队于 2016 年 11 月至 12 月，同大栅栏街道 9 个社区居委会一把手沟通之后，在 6 个社区居委会举办了 6 场"共同营造有温度的社区家园——大栅栏街道第二届公益微创投社区宣讲会"，吸引了来自百顺社区、石头社区、铁树斜街社区、延寿社区、大安澜营社区、煤东社区、前西社区、西街社区 8 个社区的 92 人。宣讲会上，居民共同观看了社区营造影片，了解国内外社区营造实务经验和首届大栅栏街道公益微创投项目的案例，现场居民纷纷表示希望加入公益微创投大家庭。

②与社区能人进行沟通，形成自组织项目申请方案，辅导优化项目书

与社区书记和主任沟通并成功举办社区宣讲会后，通过引荐或自荐的形式，9 个社区涌现了 34 位社区能人，他们认可社区营造理念，希望建立或发展社区自组织，通过自己和邻里的努力，造福个人与社区。

团队与这些社区能人进行了持续沟通，基于其意愿和构想，辅导这些社区自组织的核心成员，形成自组织项目申请的初步方案，并一步步辅导优化项目申报书和资金预算表。

经过两个月的辅导，9 个社区中发展形成了 20 个自组织种子，它们基本具有自组织形态和团队内部分工，也都在开展多种类型的社区

公益活动及项目。然而由于社区能人大部分都是首次撰写项目申请书，没有太多的经验，团队对所有种子进行了多次项目书优化辅导，最终有19份项目书负责人申请参加立项评审会。

③举办立项评审说明会，优化项目书并进行立项评审汇报辅导

2016年12月22日，团队在大栅栏街道社会组织孵化基地召开了"大栅栏街道组织培育及第二届公益微创投项目立项评审说明会"，明确立项评审会上的项目汇报要求和评审指标，以评促建，让种子们更好地了解未来发展方向和组织建立时所需经历的过程。同时，团队鼓励社区能人发挥创造力，结合自组织实际情况，利用多种形式进行项目展示及汇报，让更多的社区居民了解自组织项目并参与到活动当中。为保证立项评审会公平公正，评审说明会当天通过抽签的方式决定了评审会的汇报顺序。

在评审会之前，团队已将上报的19份项目申请书及预算表提前发给项目管理专家、财务管理专家及社区营造专家，听取专家们提出的宝贵建议，并根据专家的建议辅导自组织进行项目书及预算表的优化工作，优化内容主要集中于明确项目目标、明确受益人数、规范内部财务管理报销流程，以及再次核对项目预算的规范性和准确性。

由于社区能人们大部分没有参加过类似的评审会，甚至都没有上过演讲台，中心提前对每个种子进行手把手的汇报展示排演辅导（包括辅导自组织制作PPT、制作展示海报、协助梳理汇报重点等），开放场地供大家上台进行汇报排演，提升社区能人、社区自组织的汇报

能力。

④举办立项评审会，搭建展示平台，形成大栅栏街道社区能人及自组织关系网

经过两个多月的能人挖掘、种子辅导、项目撰写辅导、项目优化、汇报排演等流程后，终于迎来了立项评审会。立项评审会不仅是第二届公益微创投项目的评选过程，也是团队近两个月来工作的总结汇报，更是社区能人及社区自组织的展示平台。

社区营造需要多方力量协同配合，才能实现社区营造的效果。立项评审会邀请到了街道领导及社区两委、专家进行评审，同时还招募了社区居民担任大众评审，以期逐步形成多方协力共同进行社造的机制。

团队邀请了来自三个领域的专家担任评审专家，分别从社区营造自组织领域、项目管理领域和财务管理领域三个方面进行考核。大众评审则从总体上评价是否喜欢参评自组织设计的项目和活动。

招募大众评审也采用了公开、公平的报名方式，要求评审人居住或工作在大栅栏街道并且可以参与整场公益微创投立项评审会，纵观19个种子的项目之后，对每一个自组织设计的公益项目进行打分，并给出中肯的建议。经过公开征集和招募，最终有11位大众评审成功报名，他们均为大栅栏街道的社区居民或社区工作者。

在接受专家评审和大众评审的双重考察后，参评立项评审会的19个申报团队中，有16个成功入选，成为大栅栏街道第二届公益微创投项目团队，入选团队及项目名称详见表4-2。

协商自治·社区治理 学者参与社区 实验的案例

表 4-2 大栅栏街道第二届公益微创投项目

序号	所属社区	组织名称	项目名称
1	百顺社区	百顺夕阳红乒乓球队	小小银球传友谊
2	前西社区	怡和女子健身队	女子健身队、广场舞
3	延寿社区	延寿单弦队	单弦牌子曲
4	前西社区	尚德公益团队养犬俱乐部	文明养犬共创美丽家园
5	延寿社区	轻舞飞扬舞韵健身队	舞蹈健身
6	百顺社区	大栅栏百顺摄影协会	幸福记录
7	大安澜营社区	澜馨布工坊	爱心行
8	前西社区	前西社区助老服务队	敬老、助老、为老服务
9	煤东社区	姐妹合唱队	歌声传遍社区，带动邻里和谐
10	石头社区	绿色风尚馆	持续改善环境，提高幸福指数
11	大安澜营社区	睿邻雅趣艺术沙龙	集体朗诵艺术拓展与推衍
12	三井社区	导览队（爱心畅引指南针——社区便民服务岗）	行走在胡同追忆旧时光
13	延寿社区	智惠创业坊	服装制作毛衣帽子
14	煤东社区	夕阳红导览队	微言微行益在传承
15	石头社区	左邻右舍美食团	发展美食文化，展现居民厨艺
16	前西社区	大栅栏统战艺术团	增加演出种类，提高演出水平，扩大服务范围

（2）社会组织孵化基地落成

中心与大栅栏街道对于组织孵化和培育工作达成共识，在街道内孵化和培育以居民为主体的社区自组织，经过长期、连续的培育、辅导等方式，逐渐提高自组织的组织能力、自我管理能力、可持续发展能力，最终实现自造血、自运转、自治理的目标。

概括来讲，由地方政府官员、基层官员、社区协会代表、专业NGO代表以及专家团一同成立社区社会组织孵化器，引进专业培训机构开展能力建设，整合各方社会资源，为社会与社区建设、对接社会组织、政府职能转变搭建创新平台，激发居民参与社区建设的活力，使孵化器承担起社会组织的培育与管理工作、社会建设项目管理工作、社会组织评估工作，成为社会组织信息交流的平台。

具体来讲，大栅栏街道社会组织孵化平台的工作目标包括以下几个。①增强社区组织增量内生动力。从挖掘社区能人开始，关注其动员、形成核心团队的过程，并在社区能人的带动下，集结多个社区小能人，逐步扩大组织规模，以项目化运作方式，引导自组织稳步发展。②激发社区组织存量自治活力。街道现有的社区自组织大部分是自娱自乐的文化娱乐类组织，通过陪伴式辅导和社造培训班，逐步转变它们的组织理念，向互益型、服务型组织方向发展，提升社区自组织的公益性。③实现协商式社区治理。在培育社区自组织的基础上，逐步巩固两个社造平台（政策导向平台和实务操作平台）的搭建工作，与大栅栏街道定期保持良好的沟通，经常交流工作中发现的问题，以社造方式逐步解决和转化，提高社造理念宣传的广度和深度，发挥好两个平台的作用。

孵化平台的工作内容包括四大方面：社会组织挖掘及孵化、社会组织支持及培育、社会组织发展及扶助、社会组织评估及监管。

　　平台的建设注重保持四个特点。①本土性。立足解决本街区问题，满足本地区社区居民生活需求。②扎根性。组织负责人以本街区居民为主，在本街区范围内为社区居民开展长期、可持续的服务及活动。③规范性。以项目化管理方式开展规范性强的服务及活动。④功能性。激发社区居民参与社区建设的活力，弥补社会组织缺位现象。

　　在沈原教授和罗家德教授的支持下，团队在大栅栏街道三井胡同争取到了一个专门空间，清华团队已于2016年12月入驻工作。未来，孵化成功的社区社会组织也将一并入驻。

　　（3）组织培育工作的开展

　　2015年首届公益微创投项目结束后，团队持续追踪20个社区自组织种子的项目活动，考察其是否具有组织稳定性和项目可持续性。经过对2015年公益微创投项目近半年实施情况的追踪评估，团队从20个社区自组织种子中，挑选出组织形态稳定、项目实施口碑良好、居民满意度高的8个社区自组织（称为"小苗"）进行组织培育，期望能够通过一年的培育将小苗辅导成为形态更加稳定、影响力进一步扩大的"小树"。

　　评选出来的社区自组织分别为：百顺社区院长俱乐部、百顺社区百计舞蹈队、西街社区王回回文化传承发展小组、三井社区青少年教育协会、石头社区助老服务队、百事顺遂京剧票社、铁树社区女子消防队、北京四九剧社，项目类型涵盖了社区志愿服务（包括为老人服务、青少年服务）、老北京历史文化传承、社区安全维护等。

　　团队对"小苗"与公益微创投种子的培育方式和支持力度略有不

同，主要区别有两方面。

一是资金方面。微创投项目支持资金为项目活动资金，而设立组织培育项目支持资金，是为了在扩大组织规模的基础上，更好地让自组织产生认同、规范或内部管理机制。

二是跟访人员方面。上述每个"小苗"都有专门的追踪队员进行跟踪，目的是持续考察组织形态的稳定性，持续关注自组织的发展变化。2016年暑期，团队约有11人追踪8个"小苗"的项目活动42次，均有详细的日志记录。其间，注重培养自组织建设，提升组织内认同，形成组织内部信任机制，逐步制定组织规则等非正式组织内部规范。

2016年10月，大栅栏街道组织培育项目启动后，两个多月的时间里，团队共追踪及辅导8个"小苗"51次，帮助"小苗"了解今年的项目内容及项目目标，引导自组织自行设定项目实施计划及资金预算，共收到"小苗"申报的项目申请书及项目预算表8份。在2016年12月份举办的大栅栏街道组织培育立项评审会之前，团队持续跟进，对项目进行优化、对立项评审会的汇报展示进行排演。评审会当天，8个"小苗"展示了前期活动情况和2017年项目计划，3位专家评审表示认可，提出了建议，8个"小苗"也进行了丰富深入的互动交流。

2. 平台二：据点院落建设平台

据点院落建设亦即院落整治。目的有二：一是寻找低成本改善居民住宅的路径；二是通过空间调整，改善居民邻里关系，重建和谐公共环境。

原有院落改造主要由政府推动，包括多种模式。一种典型模式是平移院，由政府建设院落，让居民入住。但是，该模式忽略了居民原有社会关系，所以院落建好之后，也基本没有居民愿意搬家入住。另一种是内盒院，在老旧四合院中置入预制模块内盒，以便为生活在老旧四合院中的人们提供符合现代生活质量标准并且节能高效的居住环境。内盒院建造过程实为建筑师实验，居民在此过程中不仅毫无参与，而且产生了较大矛盾与纠纷；且成本过高，难以推广。此外还有许多由设计师设计改造的院落，也与前述内盒院有相似的问题。

在此背景下，清华团队开始探索院落建设的新路径。以百顺胡同53号为试点，团队希望由居民自己讨论，决定空间改造方式。百顺胡同53号原有情况，正如北京大多数四合院一样，百顺胡同53号已经变成大杂院，屋里十分阴暗，屋外杂物遍地，所有的公共空间都被小厨房和厕所挤压到院外，居民出了房门就只能到胡同里活动。团队召集在院落居住的7户居民，一起讨论他们有何种需求、生活应当如何改善。可能由于长期生活在原有环境下，居民已经缺乏对空间生活品质基本需求的感知，所以团队提出多种方案让居民评价、选择，最后，跟居民一起讨论，设计了一个改造方案。该方案提出，要拆除违法搭建物，适当调整院落布局，恢复前廊，重现院落。之后，由居民议事，共同细化方案，商讨预算，并与施工方对接。团队希望施工过程中，政府负担公共空间的费用，居民负担私人空间的费用，以此培育居民主体意识。

总结来说，以百顺胡同 53 号院落为试点的院落整治，主要有两个目标。一是空间目标，让院落重现公共空间。跟以往不同，团队希望能够做到低成本、小动作、可实施、易推广，以院落入手，几个院落连在一起，带动胡同清理。二是社区建设目标，团队希望通过这一过程，培育居民的公共意识。希望居民可以关心公共空间的使用，通过居民议事参与社区建设。

后期，团队将与清华大学建筑学院程晓青老师的团队合作，探寻大栅栏不同类型院落的小规模改建和提升方式。具体包括四种院落类型：延寿寺商住结合院落、居住院落、手艺院落和京剧院落。针对不同类型的院落，如何改造、如何发动居民参与改造，将成为后期工作的主要内容。

3. 平台三：传统文化产业创意平台

除了空间和社会建设，团队希望活化正在消亡的老北京传统文化。通过社会企业的模式，搭建老北京文化创意产业孵化平台，以商业化的模式来保护传统手工业的可持续发展。通过引入体验行业，将人文、科技融入传统，建立富有地方特色的体验中心，以唤起本地人和新居民对大栅栏传统文化的认同，使大栅栏地区成为老北京文化的代表与新北京的地标之一。

（1）发展百顺社区为京剧文化社区

大栅栏街道百顺胡同是京剧文化的发祥地，考虑到这一点，团队希望能够着力推动创建百顺京剧文化社区，逐步实现京剧文化保存化、京剧表演传播化、京剧产制产业化和京剧内容创新化，使百顺社

协商自治·社区治理 学者参与社区
实验的案例

区成为京剧文化保存、融合与创新的平台。团队认为，在京剧文化社区建设上，短期重保存与恢复，中期可朝向产业化与建立国内平台的目标发展，长期则可朝向国际化与聚集化的目标进行。

团队结合社区内部力量（百事顺遂京剧票社）和社区外部力量（清华大学京剧社团、京剧世家等），曾发起组织"百顺京剧进清华"活动，邀请百事顺遂京剧票社和清华大学教工京剧队同台演出，开启京剧进校园的尝试，以促进京剧文化社区发展。

（2）搭建老北京手工艺文化创意园区，建立手工业产业孵化器

历史上大栅栏地区商贾林立，手工业异常发达，为平衡城市发展与传承传统文化的关系，让大栅栏地区实现城市有机更新与恢复性创新，团队计划从手工艺文化创意产业入手，挖掘和整理传统手工业资料，引入中国本土已成功的手工业商业模式，并以此为契机形成示范效应，建立手工业产业孵化器，搭建完整的产业链平台，整合平台资源，最终形成手工业文化创意产业聚集区。

在清华团队前期工作阶段，团队已经基本完成基础调查，对大栅栏传统手工业与历史文化的资源有了初步了解。下一步，团队将通过整理档案、梳理文献、走访手工艺人，挖掘更多的手工艺历史文化资源。最终，希望能够建立老手艺人资料库和大栅栏历史文化资料库，为老北京文化创意产业园区和孵化平台提供基础资料。

团队还计划举办老北京文化创业大赛。在此过程中搭建一个丰富的在线资源平台，能够联合传统手工艺人、创意团队、管理营销团队以及风险投资人等，进一步促动本地手工业与外部金融界的接

触，争取广泛支持。组织讲座、沙龙、论坛、展览等各类活动，以营造手工业的文化创意氛围，吸引参与。当关注度达到一定程度时，也将适时通过创业大赛评选出优秀项目，并寻找风险投资提供孵化所需支持，最终促成项目在园区内的落地。长远来说，唯有形成丰富的产业生态网络，产业链的各个环节相互支持，产业才能实现持续发展。

三 理论依据

清华团队在大栅栏地区的干预过程，主要遵循了以下核心概念和理论框架。

（一）自组织过程

自组织作名词使用时，指涉的是自治理团体，而用来指涉治理机制时，就是自治理机制。与自组织的概念相对的就是他组织。他组织指的是由一个权力主体指定的一群人组织起来，以完成一项被赋予的任务。自组织则是一群人基于自愿的原则主动地结合在一起，具有以下特点：一群人基于情感性、认同性关系及信任而自愿地结合；结合的群体有集体行动的需要；为了管理集体行动而自定规则，自我治理。

自组织的产生有两个必不可少的阶段。首先，一群人形成小团体。其次，这个小团体能自发地为同一目标行动，进行自我管理。举例而言，一群有共同兴趣的朋友在闲暇时喜欢经常聚在一起，通过娱乐活动打发时间，这种情况只是聚合成了一个小团体。然而，如果这些人有一个共同目标，如宣传环保理念，并有计划地分工组织，进行公开演讲、传单发放等活动，那么这个小团体就成为自组织。

自组织作为动词，是指形成自治理机制的过程，这个过程有五个步骤：第一步是一群人聚拢，彼此之间社会网联结增多，关系越来越紧密；第二步是小团体产生，随着内部的联结增多，这群人与组织内其他人的关系渐渐疏远；第三步是小团体内部产生认同，内部的人开始清楚地认识到自己与团体外成员的差别，意识到自己的成员身份；第四步是小团体形成一个共同的团队目标，并开始着手为实现这个目标而采取集体行动；第五步是团体逐步演化出团体规则和集体监督机制，以确保共同目标的顺利达成。

将此过程置于社区营造语境，即从挖掘社区能人开始，通过大能人动员小能人，在所进行的一系列公共行动中逐渐形成小团体，在团体内建立认同关系，形成团体结构，从而建立约定俗成的团队规范。随着公共行动的可持续性和规模的扩大化，成立协会、社团等正式的社会组织，逐步建立信任机制、声誉机制、互惠机制、治理机制和监督机制。

团队在大栅栏街道开展的公益微创投项目和组织培育项目，便遵循了上述过程，通过自组织过程，培育社区自治理团体，以期逐步形成社区自治理机制。

（二）三个社造化

社区营造不是一朝一夕就可以实现的，更不是仅靠一方力量就可以做成的，需要持续不断的努力和辛勤的培育，更需要多方力量协同配合，才能在一个地区实现社区营造的效果。

这其中需要经历三个社造化的过程，即从社区社造化、组织社造化、行政社造化三方面入手，经过社区自组织过程，社会组织不断改变政府购买服务的思维方式，强化社区营造的理念，从而开展五大工作流程（资源调查、社造培训、公益微创投、培育流程及评估流程），搭建两个协商平台（政策导向平台和实务操作平台），最终实现人的改变。工作思路和方法的改变从社造理念入手。社区营造不是造社区而是造人，更进一步是建立人与人之间的关系、圈子、自组织和复杂自适应系统。

具体到大栅栏实验点，各方又有各方的工作和职能，社区能人和社区自组织不再是参与者的角色，而是实施者和负责人的身份，发挥自身的主观能动性，本着"谁主张、谁负责、谁受益"的原则，关注社区公共事务，并以问题为导向开展社区公益项目、公益活动和公益服务。但往往社区能人在最初的时候并没有这种自组织的能力和意识，需要外来社造型社会组织的不断陪伴和培力，在手把手进行辅导后，才会逐渐具有这种能力和意识。

社区两委和街道也不再是冲在第一线的操作者和实施者，而是需要转变工作方式和工作思路，从第一线逐步退到第二线，动员居民来主导社区实务工作。此时街道和社区两委虽然退居二线，但其作用比以前更为重要，具有支持、协调、培力和监督的作用。

为了促进多方协力合作共创，中心团队从第二届公益微创投初始阶段，就与街道社会办和各社区一把手保持良好的合作协商关系，形成定期沟通的工作机制。在立项评审会之前，团队前往街道办事处和9个社区居委会，向街道和社区干部发放立项评审会邀请函。此外，团队改变以往评审会强制要求社区工作者参会的工作方式，化封闭为开放，鼓励自愿参会，吸引真正对社区营造感兴趣的社区能人、社区工作者、外部人员参会。

（三）空间、社会结构与文化再生产

如何实现城市的有机更新，其背后的理论问题是如何将空间、社会结构和文化再生产有机地联系起来。早期的社会学家如涂尔干等，早已指出城市空间不是单纯的物理形式，而是具有社会文化内容的。中国建筑学的梁思成传统具体而微地考察了中国建筑的社会文化源流。当代的社会学家和规划学家，如卡斯特、大卫·哈维、罗根等，更是明确地将城市空间的变动与资本主义生产方式的演化和城市居民的社会运动联系起来。这些研究确立了城市空间和社会经济的多元联系，为深入探讨城市空间问题指明了方向。但是，如何基于具体的、微观的社区层面，将上述所谓"新城市社会学"开辟的思路落在实处，却仍然是一个悬而未决的难题。

与以往单纯从空间入手的研究不同，大栅栏的实践尝试探讨空间、社会结构与文化再生产的有机联系，特别是探讨基于社会结构动员和社区营造进程保护空间样式，从而实现地方文化传统的再生产的机理和条件。社会结构、社区营造被当作主要的驱动力。只有首先保留原住民的社会结构，并通过社区营造方式动员他们积极参与旧城保护，才能把接续传统的空间形式扎根在老百姓的日常生活中，而这两者的结合才有实现文化再生产的可能。

大栅栏的社区建设，将居民纳入空间改造的行动之中，并努力将他们培育成为维持和改造日常生活空间的主体，这是空间有机更新的社会基础。同时，进行老北京传统文化的调查，并进一步将这些传统文化植于居民的日常生活之中，才有文化再生产的机会。

（四）界限、社会空间界限与划界工作理论

Michele Lamont 认为界限是我们用来分类物品、人物、实地操作，甚至是时间与空间等的概念性划分。社会空间界限是界限的一种类型，以空间界限营造空间隔离来实现社会净化或空间利益。在划界工作的理论基础之上，我们指出由于长期贫困的、高密度的底层生活，划界已经成为北京老旧街区中的居民日常邻里生活的一部分。空间划界的主要工作是界定公共空间与私人空间的边界，其目的既是社会性的，也是利益性的。居民划界工作的结果即是公共空间与公共生活的丧失，并最终导致了邻里关系的漠然与空间利益的冲突。这也造成了大栅栏院落改造等空间行为与环境改善的困境，也是大栅栏社区建设的困境。

协商自治·社区治理 学者参与社区 实验的案例

在这样的情况下，空间问题一定程度上造成了大栅栏的社会问题。社区建设的社会实践也无法同空间实践分开，两者是互动的。因此，空间成了社区建设的抓手之一。通过院落空间的整治来调整居民之间的社会关系，在空间实践中培育居民的主体性、公共意识与社区，成为大栅栏社区建设的重要工作。

四　社区营造的启示

团队在大栅栏社造工作前期，进行了扎实丰富的准备工作。通过近两年的时间，团队通过定量调查和定性调查相结合的方式，广泛收集关于大栅栏街道9个社区社会、经济、人口、文化等各方面的数据，建立了基础数据库。同时，汇集多方资源，开展了形式多样、受众广泛的动员活动。以上工作为清华团队后期社造工作的开展奠定了良好基础，并对当地居民、政府、企业社造思维的形成产生了潜移默化的影响。

系统总结大栅栏作为老旧街区的基本特征后，团队针对本地人老龄化、外地人大量涌入、居住环境差、公共空间狭小、传统文化难以为继等突出问题，通过建设完善三个平台——社区社会组织平台、据点院落建设平台和传统文化产业创意平台——推动社区建设。

团队通过培育社区自组织、引导社区居民自主协商进行院落改造、帮助传统文化传承者链接资源三个平台相互配合、相互促进，为社区居民、社会组织、政府、企业等不同主体搭建良性互动桥梁。在这一过程中，社区两委和街道退居二线，从社区营造实施者逐步转变为引导者和动员者，而社区居民则成为实施者和负责人，发挥自身的主观能动性，以问题为导向关注社区公共事务，逐步改变全能型政府、保姆型政府大包大揽的社区工作思路，促进当地社区自治理机制的形成。

清华团队在干预过程中，也特别注重大栅栏地区作为老旧街区和历史文保区的特殊地位。整体规划中，团队计划将大栅栏地区建设成为生气蓬勃、新老居民和谐共处的新社区，并在此基础上，保存和重建传统的地方民居和地方文化。具体操作中，专门设立一个平台承担文化传承与重建工作，同时在社区自组织培育工作中，尤其注重对继承发展传统文化的社区自组织进行扶持与培力。

希望经过未来更长时间的努力和探索，清华团队能够继续总结形成更完整的大栅栏经验，为其他老旧街区和文化保护区的社区建设提供借鉴。

第五章

台湾老人社区生活参与之研究
——兼论台湾社区养老政策的现况与前瞻

王光旭[*]

一 案例背景

(一)台湾的老龄化现状

根据 1956 年联合国《人口老龄化及其社会经济后果》确定的划分标准,当一个国家或地区 65 岁及以上老年人口数量占总人口比例

* 王光旭,台湾台南大学行政管理学系副教授,清华大学社会科学学院信义社区营造研究中心顾问。

　　本文为台湾"科技部"补助专题计划的部分成果,项目由王光旭副教授主持,自 2012 年开始实施,研究主题为"制度化福利混合经济下的公私合伙、服务输送与绩效评估:社区照顾关怀据点的运作与成效",包括社区照顾关怀据点负责人服务输送调查、社区老人养老调查等主要部分。历经三年的时间,研究者走访了台湾数百个社区据点,组织、训练与动员了超过百位的面访访员,完成了总计 426 个社区据点负责人的面访,以及 1158 份社区老人的面访,其中共包含 59 个社区的配对样本。

超过 7% 时，这个国家或地区便进入老龄化社会；超过 14% 时，迈入老龄社会；到达 20% 以上，则是超老龄社会。

台湾地区从 1993 年进入老龄化社会，到 2018 年老龄人口占比超过 14%，只用了大约 24 年；再过 8 年，即进入超老龄社会。因此，面对人口老龄化所衍生的社会问题，台湾的时间非常紧迫。此外，台湾地区的总生育率仅徘徊在 1.0 左右，远低于更替水平。少子化趋势必然会加深老龄化社会的负担，导致扶老比（old age dependency ratio）增加。换言之，从预防的角度思考，少子化会侵蚀台湾社会的人口红利与社会资源，让维持老龄社会服务需求的负担加重。

台湾目前老年人口比约为 13%，然而这 13% 的人口每年耗用的医疗资源占台湾全民健保的 35% 以上。随着老年人口不断增长，其耗损的医疗资源越来越多，远大于健康保险资源的增加，而这些资源及其背后的成本是由政府、企业和一般民众负担的。此外，台湾近年经济增长力度不足，每年都在挣扎着 GDP"保一"或"保二"，且一般民众薪资水平停滞，维持高度的福利措施，会愈来愈不容易。

因此，台湾现在必须开始思考：怎么让老人维持健康的身心状态，减少对医疗资源的耗费；怎么在高成本的机构养老之外，让大部分的老人都能够维持在健康或亚健康的状态。换言之，如何提供社区与家户养老服务，实现在地养老和健康养老，从而降低政府和社会的养老负担，是台湾目前必须面对的治理难题。

（二）华人社会的养老传统

在华人社会的主流养老思维中，在地养老接受度比较高，除非是独居老人或家人照顾有困难，否则一般民风不愿接受机构养老。据台湾"内政部"2009年针对台湾地区老人生活需求的调查，如果未来生活可以自理，大约66.93%的台湾老人根本不愿意住进老人赡养机构、老人公寓、老人住宅或赡养堂（"内政部统计处"，2011：2）。华人社会强调"养儿防老"的社会风气，台湾也不例外。把自己的父母送进老人赡养、养护机构，有可能落得"不孝"的骂名。以我个人为例，我和我70岁的母亲讨论这个话题时，她哭着说："如果你以后敢把我送到养老机构去，我就跟你断绝母子关系！"每次讨论到这个话题，总是很容易引发观念上的冲突。因此，在台湾，特别是在南部地区，很多人婚后仍与公婆同住，而且风俗上儿媳要承担照顾公婆的责任。虽然，目前在年轻人中，有婚后和原生家庭分居的倾向，或者保持"一碗汤的距离"（不在同一屋檐下，但住所距离较近，方便照顾），但以当前经济状况而言，年轻人购房压力大，仍有不少年轻人婚后与公婆同住。

（三）台湾的社区自组织力量

1987年"解严"后，台湾地区逐渐兴起一些社会组织，极大推动政治风气自由化，社会组织对政策制定发挥的力量也逐渐增强；1993年，"行政院文化建设委员会"开始推动社区总体营造政策，鼓励在社区范围内培养自组织。社区营造政策刚开始实施时，主要是以文史工作为主，例如通过撰写村史唤起居民的社区意识。2000年，台湾已有超过6000个社区自组织（在台湾名为社会发展协会）；发展至今，社区自组织的数目稳定维护在6881个左右。民进党主导台湾政局后，认为经过一段时间的社区营造，社区自组织力量已经比较成熟了，于是开始结合社会福利的概念，进一步推动福利社区化。

二　干预过程

（一）在地养老和社区营造的结合——"社区照顾关怀据点"

自1995年，台湾"内政部"推动"祥和计划"，招揽社区居民当服务志工。1997年，"老人福利法"修正并通过"内政部社会司"提出的"福利社区化计划"，开启了社区养老政策的制度化与系统化的工作。2002年，"行政院"核定"挑战2008发展重点计划"，将有关社区工作的重点定为"开发社区人力资源，营造福利化社区，提升社区照顾质量"，为"内政部"奖助的重点项目。

2005年4月，"行政院"于提出"台湾健康社区六星计划"（简称"六星计划"），透过贴近社区居民的生活，并以在地人提供在地服务的模式，广泛建立社区照顾关怀据点（以下称据点），期望打造可以自主运作且永续经营的社区营造模式（"行政院"，2005：3），并企图将全台湾的社区打造成健康社区。建立社区照顾关怀据点计划，为社会团体参与筹办提供诱因，主要是为了鼓励社区自主参与初级预防照护服务工作，结合当地人力、物力及相关资源，提供在地老人预防照护服务，以实践在地老化（"行政院"，2005：1-2）。换言之，许多老年人需要的并非专业的医疗照护，而是生活化的照顾。据点所提供的馆室服务、电话问安、关怀访视、餐饮服务及健康促进活动，即可发挥初级的预防照顾功能，让老年人可以在熟悉的环境中，与亲人、邻居、老朋友一起参加活动、互相关心、分享人生经验。针对失能老人，则可以透过转介服务，依其需求转介至县市照顾服务管理中心，提供进一步照护服务。据此，社区据点营运的主要目标，就是让老人能在自己所熟悉的环境中生活，享受生活化的照顾，不必因缺乏家庭照护而被送往赡养机构，导致行动自由受限。

从 1995 年提出初步构想，到 2005 年计划落实，福利社区化的实施正好走过 10 年历程，其中经历了许多曲折。20 世纪 90 年代中期刚开始推动社区营造时，社区组织与外界的老人福利供给机构或政府组织关联基本上很弱，缺乏联系与合作，因此照护服务不易深入社区居民家中，社区中的老人，需自行联系医疗与社会福利机构购买服务，如图 5-1 左半部分所示。换言之，过去主要是由外界的福利或医疗组织直接点对点地提供服务。作为外来者，这些福利或医疗机构不见得能被社区的民众轻易接受。所以，在那段时期，社区老人服务的成本极高且成效不彰。

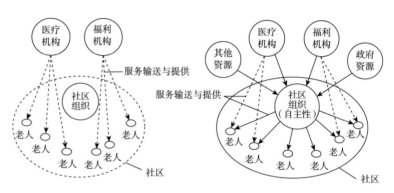

图 5-1　社区据点的运作逻辑

　　"六星计划"的实施，让社区自组织变为社区养老机制的中介者（broker）与服务的提供者，将外界的医疗机构、福利组织和政府的资源引进社区，而社区组织本身也可以提供初级服务功能，如图 5-1 右半部分所示。由于社区居民普遍信任在地社区发展协会的志工或干部，福利供给的可行性与效果大大增强。这一设计逻辑可以总结为：将社区自愿组织（社区发展协会）作为福利供给的基地，以及社区老人与其他福利资源的媒介。

　　社区据点历年的成立数量，如图 5-2 所示，从 2005 年初次设立以来一直不断成长。仅在 2007 年至 2008 年，数目有所下降，很可能是因为这一时期台湾地区主持地方事务的党派变更，政治环境改变。推动社区据点是民进党的政策，其目的之一在于打破国民党垄断台湾乡村基层影响力的局面。而马英九主政后，国民党希望中止民进党推动的政策，减缓民进党在基层的影响力的扩张。实际而言，社区据点

的推动对于达成社区养老目标很有成效，所以国民党政府于 2009 年
继续推动这项政策，社区据点数量开始缓慢增长。据最新数据，到
2015 年 10 月，社区据点已有 2457 个，这些据点在全台湾的村里覆盖
率超过 60%，也就是说，这一政策可以服务全台湾 60% 以上的土地，
成为现今台湾推动社区式长照服务的重要基础。

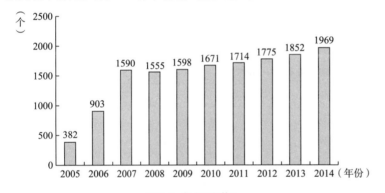

图 5-2　据点历年数量

资料来源：作者整理自台湾"卫生福利部"网站。

2015 年"行政院"的总预算大约相当于人民币 4000 亿元，掌管
福利政策的"卫生福利部"的总预算大约相当于 404 亿元人民币，社
会福利总支出大约相当于 935 亿元人民币。而社区据点支出只占总支
出的 0.78%，相对于社会福利的供给，算是很小的投资。2015 年，社
区据点政策在台湾所有老人福利服务的支出占比只有 7%，每一个社
区据点一年官方所补助的运作经费仅相当于 2 万元到 4 万元人民币，
然而，大陆社区的经费规模大得多，通常高达一年十几万元人民币

（不过大陆社区的范围平均来说也比台湾大）。换言之，在台湾，官方仅需要提供相对少的补助，依靠社区自组织的资源与力量，就可以在社区养老方面达到不错的服务水平。

表5-1　2016年台湾地区各项政策预算规模

年度预算	预算总金额（千元台币）	换算人民币（元）	占总预算比例（%）	占社会福利预算比例（%）
"行政院"总预算	1998192346	约4000亿	100	
"卫生福利部"总预算	201852763	约404亿	10.1	
社会福利总支出	467064944	约935亿	23.4	
福利服务总支出	116392047	约233亿	5.8	100
老人福利服务支出	4868994	约10亿	0.2	24.9
社区照顾关怀据点官方补助经费	365000	约0.75亿	0.00018	0.00078

资料来源：作者整理自台湾"行政院"主计总处暨"卫生福利部"（2015）。

对于年度评鉴优等或甲等的据点，"行政院卫生福利部"每月补助1万元台币（人民币约2000元），县市政府再补助些许经费。然而社区据点并不是一经成立，就可以持续不断地获得政府补助的，只有通过据点评鉴，隔年才能获取。评鉴分为优、甲、乙、丙、丁五个等级，只有优等和甲等的据点才有获取政府补助的资格。据点如果是乙等，不仅拿不到钱，而且还要被辅导；如果辅导没有通过，就会被裁撤掉。这一评鉴机制保证政府的钱用在刀刃上，也能确保据点承办单位的服务品质。但自 2017 年开始，为了简化评鉴制度降低据点运作的压力，评鉴制度已经全面停止，改为每个月将成果记录向主管单位进行汇报。总而言之，社区据点以很低的成本发挥极大的服务供给效益，特别是达成在地养老的目的。

据点的服务项目分为五种。一是电话咨询问安，尤其对独居老人，志工每周打电话询问老人的生活近况，目的在于不要让他感到孤独，也可以了解老人身体的状况，看需要提供何种协助。二是关怀访视，主要针对失能老人，了解需求。三是餐饮服务，包括送餐与集中用餐，集中用餐的服务有助于老人走出家门，强化其与邻里的社会联结。但由于经费与场地的限制，这项服务并非每个据点都能做到，即使做得到，也很难一直持续。四是健康促进活动，也是最常举办的活动类型，在社区公共场所举办，内容包括康乐、跳舞和卫生知识宣导等。五是转介长期照顾管理中心，当老人的生理状况已经不允许他／她单独居住时，或者已经对同住的亲友产生沉重的护养负担时，他们可以被转送到政府的长期照顾管理中心接受服务。但大部分老人不太希望自己走到这一步，因为这会让他们产生被遗弃的感觉。

社区养老面临的各方面挑战中，最大的是医疗服务的供给。社区据点服务的内容，大多是针对健康或亚健康的老人，社区据点按理并不具备医疗功能，并且政策也不允许。针对有医护需求的老人，据点只能转介到养护机构，由机构承担“医养结合”的功能。不过以台湾目前各县市机构的收容与服务能量来说，可能也有供给不足的情况。好在台湾的医疗体系有一个很特别的地方，就是医疗服务的密度很高，而且因为健康保险覆盖率较高，使用医疗服务的成本相对低廉。首先，台湾九成以上的医院与诊所都与全民健康保险署签约，所以医疗资源对一般民众的可及性（accessibility）极高，送医并不会有很大的困难。其次，台湾的私人诊所非常普及，几乎走几步路就有一家牙医、中医或家医科的诊所，它们承担了大部分的医疗服务功能，要看病几乎是走路就能到。此外，台湾健保有非常健全的转诊制度，普通诊所会将难以诊治的病人逐级转送到适合的医院接受治疗。因此，发达的医疗产业对于居家养老的高龄者来说，某种程度上与社区据点的功能形成互补。

（二）"社区照顾关怀据点"的政策效果评估

如下图 5-3 所示，从目前社区据点所供给的各项服务来说，服务的能量历年来持续增长，尤其是健康促进与餐饮服务的部分。社区据点的存在对于高龄者社会参与及社会支持网络的强化有正向的功能，但这并非代表这些服务的能量，可以成功地转化为老人的健康资本。

因此，在台湾"科技部"经费的支持之下，笔者针对全台湾经营社区照顾关怀的据点社区内 65 岁以上的高龄者进行面访，计划执行的时间为 2012 年 7 月到 2016 年 1 月，历经三年多的时间。在抽样的方法上，先以社区照顾关怀据点的地理位置为分层标准〔都市型、乡（农）村型、市乡混合型、山地型〕，进行分层抽样，每个社区再便利抽样（convenience sampling）20 名老人，迄今为止总计成功进行940 次面访。因此，本研究的样本在地理分布上可以反映台湾据点的分布结构，但在针对个人的抽样上，则因未有随机抽样，在个人的样本结构上无法进行较为精准的推论，这是本研究的限制之一。

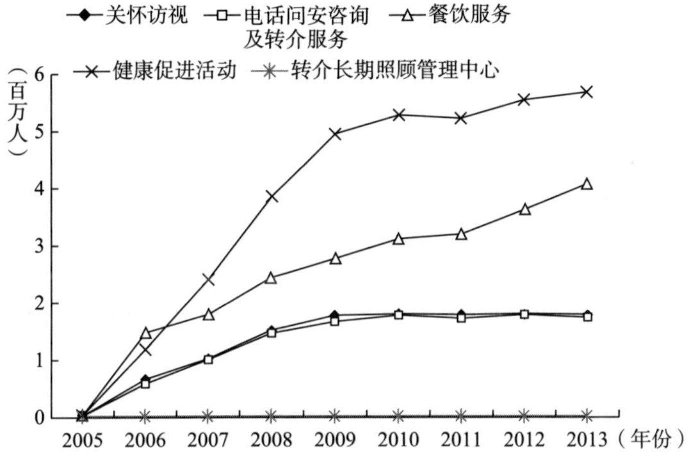

图 5-3　历年社区据点各项服务的服务人次

资料来源：台湾"卫生福利部"（2015）。

研究发现，据点的服务供给与志愿活动的参与，确实对于建构友善的在地老化环境，以邻里为基础的社会支持网络，和强化高龄者的社区认同与意识，有正面且显著的效果。以下则依据王光旭（2016a）所使用的资料与分析，从不同的维度展示研究结果。

1. "据点"养老效果初步评估

首先，机构养老不可能成为台湾的主流养老方式。从样本数据来看，一是受访者中不愿意进入养老院的占比高达 73.4%，一般民众根本无法接受机构养老。二是台湾老人的主要生活费来源中，自我积蓄占 29.7%，儿女提供占 35.6%，家庭养老自然占比较大。三是在日常生活治理方面，近

90% 的老人处于健康或亚健康状态，这意味着大多数老人生活基本可以自理，不需要机构照护，相反，家庭与社区提供的照顾更为必要。

其次，表5-2初步显示受访老人的社区活动参与程度。从平均数来看，社区老人对于社区活动的参与程度大多处于很少参加到偶尔参加之间（从未参加为0）。从所有活动的分布来看，受访的老人参加社区健康促进活动（平均数为2.49）和使用据点活动场所（平均数为2.34）较为频繁。反之，参加社区文康活动和参加社区志愿服务的频率较低。然而从社区活动参与频率来看，确实在鼓励社区老人多参与社区活动上仍有极大的进步空间。

表5-2 社区活动参与描述统计

单位：次，%

题项	从未参加	很少参加	偶尔参加	经常参加	都会参加	有效样本数	平均数
您参与社区健康促进活动的次数和频率	144 （15.30）	110 （11.70）	153 （16.30）	206 （21.90）	327 （34.80）	940	2.49
您参与社区文康活动的次数和频率	393 （41.80）	117 （12.40）	112 （11.90）	118 （12.60）	199 （21.20）	939	1.59
您参加社区志工或服务工作的次数和频率	458 （48.70）	92 （9.80）	81 （8.60）	112 （11.90）	196 （20.90）	939	1.46
您使用据点活动场所或社区活动中心的次数和频率	169 （12.90）	121 （12.90）	140 （14.90）	235 （25.00）	269 （28.60）	934	2.34
您参加社区自强活动的次数和频率	257 （27.30）	120 （12.80）	181 （19.30）	147 （15.60）	228 （24.30）	933	1.97

协商自治·社区治理 学者参与社区实验的案例

表 5-3 显示受访者的邻里互动关系。所有题项中，仅第 6 题"我会到邻居家做客串门子"从未互动（coding 为 0）的比例高达（50.00%），其余的题项从未互动的比例大致上都低于三成。而从平均数来观察，有三个题项的分数高于 2 分，分别为第 1 题"一起进行休闲娱乐活动"（2.00）、第 4 题"我会跟邻居互相分享生活信息"（2.19）、第 5 题"我会跟邻居分享自家经验"（2.07），意味着这些邻里互动中，平均至少有每个月互动一次的频率。反之，平均数最低为"我会到邻居家做客串门子"，大致上平均只有半年一次的频率。从具体的邻里互动频率分布情形来看，这样的数据显示大多数高龄者的邻里互动并不紧密，虽然仍有部分的受访者在各方面上有每天如此或每周至少一次的互动频率，显示这些老人与邻里间有高密度的互动关系，但平均上来说仍有极大的进步空间。

表 5-3　邻里互动描述统计

单位：次，%

题项	从未互动	每半年至少一次	每个月至少一次	每周至少一次	每天如此	有效样本数	平均数
一起进行休闲娱乐活动	271 （28.80）	112 （11.90）	100 （10.60）	260 （27.70）	197 （21.00）	940	2.00
互送食物及礼物	276 （29.40）	187 （19.90）	186 （19.80）	224 （23.80）	64 （6.80）	937	1.59
相互帮忙	229 （24.40）	161 （17.10）	176 （18.70）	259 （27.60）	110 （11.70）	935	1.85
我会跟邻居互相分享生活信息	192 （20.40）	120 （12.80）	143 （15.20）	286 （30.40）	199 （21.20）	940	2.19
我会跟邻居分享自家经验	210 （22.30）	125 （13.30）	156 （16.60）	283 （30.10）	164 （17.40）	938	2.07

题项	从未互动	每半年至少一次	每个月至少一次	每周至少一次	每天如此	有效样本数	平均数
我会到邻居家做客串门子	470（50.00）	144（15.30）	102（10.90）	143（15.20）	81（8.60）	940	1.17
我会与邻居讨论社区的问题或话题	327（34.80）	101（10.70）	136（14.50）	238（25.30）	137（14.60）	939	1.74

  表5-4呈现了社区老人在工具性网络和情感性网络中的联结状况。其中工具性网络指的是过去一年来是否有向谁寻求生活上的协助，其中协助的人当中同社区的有多少人，互动频率高于一个月一次的人数有多少。情感性网络采取的是类似的测量方式，测量的是过去一年会和谁吐露心事，或跟谁抱怨。然后依据社区的三种不同地理位置进行交叉分析，进一步了解都市型社区、乡（农）村型社区和市乡混合型社区与总体平均数的差异。从关系的规模来看，无论是工具性网络或情感性网络，乡（农）村型的老人网络比都市型的规模大，乡（农）村型社区老人工具性网络的平均规模在9.83人，都市型社区的老人则仅有7.56人。若从同社区的网络关系来看，乡（农）村型社区无论在工具性网络或情感性网络的平均规模，也都高于都市型社区的老人。在工具性网络的部分，乡（农）村型社区的老人同社区平均规模为5.44人，而都市型的高龄者仅有4.42人。情感性网络的部分，乡（农）村型的老人同社区平均规模为3.73人，都市型社区的老人则仅有3.34人。一个月内有互动的人数则代表工具性网络与情感性网络中互动较为亲密的关系，从互动的亲密程度来看，乡（农）村型的社区

的老人无论在工具性网络或情感性网络互动亲密的人数都较都市型社区的老人高。从数据上的分布来看，社区高龄者的社会网络呈现了两种不同的规律：第一，工具性网络比情感性网络的平均规模大，由于情感性网络的建立涉及隐私与信任问题，因此比工具性网络的规模小并不令人意外；第二，都市型社区老人两种社会网络的平均规模低于乡（农）村型社区的老人，特别是同社区的网络关系，显示都市化程度高的区域人际的关系较为疏离，较不易建立起工具性和情感性的社会关系。不过倘若再加入拜年网的数据进行比较，则发现城市的拜年网却比乡村发达，这也许与都市人口密度高有关。

表5-4　社会网络描述统计

网络	地理区域 互动人数	乡（农）村型社区			都市型社区			市乡混合型社区			总和		
		个数	平均数	标准偏差	个数	平均数	标准偏差	个数	平均数	标准偏差	个数	平均数	标准偏差
工具性网络	总人数	212	9.83	8.17	533	7.56	10.88	136	4.96	6.24	881	7.70	9.78
	同社区人数	211	5.44	5.01	527	4.42	7.07	135	3.04	5.15	873	4.45	6.39
	一个月内互动	210	7.62	6.72	524	4.77	7.12	135	2.41	5.49	869	5.09	6.99
情感性网络	总人数	212	6.67	5.53	537	5.84	7.55	133	4.02	5.69	882	5.76	6.89
	同社区人数	211	3.73	3.61	536	3.34	5.28	133	2.44	4.52	880	3.30	4.83
	一个月内互动	211	5.40	4.72	535	3.76	5.40	133	2.57	5.44	879	3.97	5.32

表 5-5 呈现的是不同社会支持来源的描述统计结果。其中社会支持来源可以区分为家人亲戚、社区干部/志工、社区邻居、熟识朋友同事，以及社区最重要的服务公仆——里长。社区干部/志工、社区邻居、里长可以合并为社区所能给予的社会支持来源。从社会支持分布的比例来看，家人亲戚仍是高龄者最主要的社会支持来源。无论是工具性或情感性的社会支持，均是比例最高的，可见在台湾社会当中，家庭亲戚仍是主要的服务供给机制（Swader and Yuan，2010）。而熟识的朋友和同事，也是高龄者重要的社会支持来源，大多数社会支持题项的比例都高逾五成：但部分工具性社会支持（例如协助处理琐事、协助就医、缺钱时借钱）则比例较低，说明这些社会支持仍是以家人亲戚为主要来源。而社区所提供的社会支持，很明显地又低于家人亲戚和熟识的朋友同事。邻居所能提供的社会支持为社区类别中最高的，占五成左右，可见台湾社会中"远亲不如近邻"的观念有其社会意义。而社区的干部/志工提供社会支持的比例大致上都在三到四成，也发挥了重要的功能。里长作为社区里最重要的服务公仆，自然也发挥了些许社会支持的功能。从关怀服务供给的方面来看，里长提供的社会支持约两到三成，说明里长主要的社会支持功能是关心社区老人生活起居与提供健康信息和建议。总的来说，在台湾社会中，社会福利供给的核心还是家庭，而政府扮演的福利角色，大多是补偿式的，通常在家庭难以承担福利供给功能时才会主动或被动介入。然而，以现在大多数家庭的经济条件和结构而言，中青年需要外出工作，很少会待在家里，所以，通过社区补充社会支持网络对提高老人的生活质量尤为必要。

表5-5　社会支持描述统计

单位：次，%

题项	家人亲戚		社区干部/志工		社区邻居		熟识朋友同事		里长	
	有	无	有	无	有	无	有	无	有	无
当我心情不好的时候会安慰我	762 （81.10）	178 （18.90）	389 （41.40）	548 （58.30）	513 （54.60）	425 （45.20）	641 （68.20）	293 （31.20）	189 （20.10）	748 （79.60）
会倾听我诉说自己的心事	723 （76.90）	21 （23.00）	302 （32.10）	630 （67.00）	426 （45.30）	506 （53.80）	572 （60.90）	358 （38.10）	129 （13.70）	802 （85.30）
我生病的时候会来探望我	827 （88.00）	108 （11.50）	310 （33.00）	620 （66.00）	431 （45.90）	499 （53.10）	538 （57.20）	389 （41.40）	156 （16.60）	772 （82.10）
会尊重、咨询我的意见	785 （83.50）	153 （16.30）	424 （45.10）	510 （54.30）	456 （48.50）	481 （51.20）	530 （56.40）	404 （43.00）	248 （26.40）	687 （73.10）
会关心我生活起居与状况	869 （92.40）	70 （7.40）	424 （45.10）	510 （54.30）	515 （54.80）	422 （44.90）	584 （62.10）	351 （37.30）	270 （28.70）	662 （70.40）
会提供我生活与健康的建议信息	778 （82.80）	160 （17.00）	399 （42.40）	53 （56.80）	447 （47.60）	488 （51.90）	522 （55.50）	409 （43.50）	212 （22.60）	723 （75.90）
平时会协助我处理一些日常琐事	753 （80.10）	185 （19.70）	190 （20.20）	741 （78.80）	303 （32.20）	630 （67.00）	298 （31.70）	633 （67.30）	104 （11.10）	829 （88.20）
我生病的时候会协助我就医	792 （84.30）	144 （15.30）	131 （13.90）	797 （84.80）	150 （16.00）	783 （83.30）	186 （19.80）	743 （79.00）	64 （6.80）	869 （92.40）
我缺钱的时候会给我钱或借我钱	641 （68.20）	286 （30.40）	47 （5.00）	879 （93.50）	69 （7.30）	861 （91.60）	141 （15.00）	785 （83.50）	29 （3.10）	901 （95.90）
会陪我从事我喜欢或感兴趣的活动	607 （64.60）	329 （35.00）	226 （24.00）	705 （75.00）	368 （39.10）	567 （60.30）	479 （51.00）	451 （48.00）	84 （8.90）	850 （90.40）
会跟我聊一些我感兴趣的事	681 （72.40）	256 （27.20）	299 （31.80）	632 （67.20）	488 （51.90）	447 （47.60）	574 （61.10）	354 （37.70）	104 （11.10）	831 （88.40）

最后，在社区意识的部分（见表5-6），受访者在社区认同维度

的题组平均数均高于4，显示社区老人的生活与社区紧密联结，认为自己是社区的一分子，也希望能继续住在社区里。由此可见，发展居家与社区式的照顾服务在台湾有其重要的社会意义。另外在社区凝聚与关怀的维度来看，其平均数较社区认同为低，但也大多在3分以上，说明社区老人在社区凝聚与关怀的维度上，也较主动积极。从单一题项来看，"当社区邻居需要协助时，我会主动帮忙"是该维度中平均数最高者（平均数4.04），显示即使是老人，也希望能有机会积极主动助人，而且是针对特定个体；但倘若是针对全社区的公共事务，例如"我经常和邻居讨论社区发生的事"（平均数3.54），或"我愿意为帮忙社区的事情付出我的时间"等题项（平均数3.74），则平均数稍微偏低，表示社区老人对于社区集体的公共事务的关怀与付出仍有强化的空间。

表5-6 社区意识描述统计（中位数：3）

	题项	非常不同意	不同意	普通	同意	非常同意	有效样本数	平均数
社区认同	我觉得这个社区的环境适合我居住	4（0.40）	8（0.90）	51（5.40）	414（44.00）	463（49.30）	940	4.41
	我觉得整个社区的居民都很关心我	4（0.40）	65（6.90）	91（9.70）	443（47.10）	330（35.10）	933	4.10
	我觉得我是这个社区的一分子	2（0.20）	18（1.90）	62（6.60）	425（45.20）	428（45.50）	935	4.35
	我希望能一直住在这个社区	3（0.30）	21（2.20）	58（6.20）	344（36.60）	510（54.30）	936	4.43

续表

	题项	非常 不同意	不同意	普通	同意	非常同意	有效样 本数	平均数
社 区 凝 聚 与 关 怀	我经常和社区邻居讨论 社区发生的事情	63 (6.70)	183 (19.50)	116 (12.30)	334 (35.50)	239 (25.40)	935	3.54
	当社区邻居有困难时， 我会提供自身的经验供 邻居参考	40 (4.30)	79 (8.40)	107 (11.40)	452 (48.10)	261 (27.80)	939	3.87
	当社区邻居需要协助的 时候，我会主动帮忙	25 (2.70)	73 (7.80)	82 (8.70)	413 (43.90)	340 (36.20)	933	4.04
	我时常会关心社区内所 发生的事情	6 (0.60)	122 (13.00)	122 (13.00)	419 (44.60)	267 (28.40)	936	3.88
	我愿意为帮忙社区的事 情付出我的时间	33 (3.50)	146 (15.50)	131 (13.90)	346 (36.80)	281 (29.90)	937	3.74
	与整体社区有关的事情， 我觉得我有参与的责任 与义务	29 (3.10)	122 (13.00)	127 (13.50)	372 (39.60)	285 (30.30)	935	3.81
	即使对我不见得有利， 只要有利于社区居民， 我就会支持	17 (1.80)	97 (10.30)	109 (11.60)	379 (40.30)	337 (35.90)	939	3.98

从 2012 年到 2014 年，笔者还进行了一些关于扩大老人社会参与的研究，为社区据点吸引老人参加活动提供一些切实可行的建议。例如，多举办团体庆生会、外出旅行和共同用餐活动，每周提供常规活动，提供医药赠品的卫生教育等。倘若从社会网络的观点出发，老人间的个人背景特征同质性愈高，社会经验交集愈多，共同话题多，愈容易发展出在社区内的友谊，也有利于社区活动的

参与。

2. "据点"对于不同年龄层老人的养老效果的差异性检定

根据老年学的观点,65岁以上的老人可以划分为初老人(65~74岁)、中老人(75~84岁)与老老人(85岁以上),这三个阶段在社会参与和社会整合上有明显差异。其中初老人才刚刚步入退休生活,是身体与心理状态较好的阶段,这个时候对社会参与的动机还很强烈,但在老老人阶段,生理与心理的状态都大不如前,朋友也逐渐凋零,社会参与的动机与意愿也随着身心条件的衰退而弱化。本研究以此三个不同的年龄层为分组指标,依据上述观点,提出初老人、中老人、老老人的社区生活参与程度依次下降的研究假设,比较三个不同年龄层的老人在社区生活参与的差异。

表5-7呈现不同年龄层与老人社区生活参与面向的差异性检定结果。从显著性来看,在社区参与、邻里互动、社区邻居的社会支持、里长的社会支持,以及社区凝聚和认同等变量在不同年龄层的高龄者间的差异达到统计上的显著水平;工具性网络同社区人数、情感性网络同社区人数,以及社区认同等变量则没有达到统计上的显著水平。在不同年龄层受访者差异未达到统计水平的变量中,三个年龄层来自社区志工的社会支持并无差异,显见任何年龄层的社区老人,都是社区志工服务的对象,不会因为不同年龄层的差异导致服务上的差异。大多数的受访者在目前所居住的社区均生活较长时间,均对社区保持着高度的认同,因此对于社区的认同感也不会产生差异。在工具性网络和情感性网络同社区人数也没有因为初老

人、中老人与老老人群体身心状态的差异而有不同，甚至从工具性网络的平均数来看，老老人的工具性网络同社区人数还比初老人和中老人多，有可能是因为老老人的身心状态较为需要他人的协助，因此工具性网络的规模比初老人与老老人更高，但统计上的差异性检定并不显著。而情感性网络同社区规模的部分，虽然差异性没有显著，但从平均数来看，初老人相较于其他两者来说平均规模较高，可能是因为初老人的年纪较轻，所以能够谈心的朋友比中老人和老老人更多。

表 5-7　老人社区生活参与 ANOVA 检定

变数	年龄层	有效样本数	平均数	标准偏差	Levene	F	差异
社区参与	初老人	513	2.05	1.20	2.92+	4.05*	初老人 > 老老人*
	中老人	337	1.99	1.20			
	老老人	75	1.73	1.19			
邻里互动	初老人	513	1.88	1.10	0.96	2.99+	初老人 > 中老人+
	中老人	341	1.71	1.14			
	老老人	78	1.70	1.08			
工具性网络同社区人数	初老人	507	4.32	5.44	0.06	0.35	
	中老人	337	4.27	7.48			
	老老人	72	4.94	5.88			
情感性网络同社区人数	初老人	506	3.45	4.53	0.16*	0.45	
	中老人	337	3.15	5.49			
	老老人	72	3.19	3.96			

变数	年龄层	有效样本数	平均数	标准偏差	*Levene*	*F*	差异
社区志工社会支持	初老人		3.37	3.66	2.27	0.36	
	中老人	331	3.23	3.70			
	老老人	75	3.04	3.27			
社区邻居社会支持	初老人	502	4.01	3.22	2.01	2.50⁺	初老人 > 老老人⁺
	中老人	334	3.90	3.21			
	老老人	77	3.14	2.86			
里长社会支持	初老人	501	1.42	2.62	6.70**	3.50*	中老人 > 初老人*
	中老人	330	1.93	3.05			
	老老人	76	1.82	2.64			
社区认同	初老人	511	4.31	0.64	0.58	0.28	
	中老人	338	4.34	0.59			
	老老人	77	4.35	0.63			
社区凝聚与关怀	初老人	508	3.98	0.77	6.35**	17.60***	初老人 > 中老人 *** 初老人 > 老老人 *** 中老人 > 老老人 *
	中老人	339	3.72	0.86			
	老老人	74	3.40	1.00			

⁺$p<0.1$, *$p<0.05$, **$p<0.01$, ***$p<0.001$。

再者，差异达统计显著水平的变量中，社区活动参与和邻里互动是社区生活参与的最典型方面，初老人在这两项变量上的得分分别明显大于老老人和中老人，与理论的预期一致，显示年龄层所反映的身心状态差异确实会影响老人对社区生活的参与状况。从老人可以从社区邻里或里长得到的社会支持来看，初老人可能因身心状况较好，平时与社区邻里的互动较为频繁，或社区里好朋友数量较多，相较于老老人来说能得到社区邻里更多的情感性或工具性社会支持，这并不意外。而在里长所能提供的社会支持部分，中老人明显高于初老人，可能是因为中老人的数量多，身心状况与初老人相比衰退更多，需要里长提供更多的关怀与服务，虽然老老人与初老人从里长处得到的社会支持差异性不显著，但从平均数来看，里长对老老人的服务供给也较初老人多。而在社区凝聚与认同方面，三个不同的年龄层之间存在显著差异，由于社区凝聚与认同的题项多涉及是否愿意为居民或社区公共事务服务，由于身心状态的差异，初老人愿意且能亲身实践的比例较中老人与老老人确实更高。因此在社区志工的招募上，可以以初老人为主，让初老人群体能有为社区或居民服务的机会，促使其融入社区的生活，强化其社会整合。

三　干预效果评估

适当的活动参与可以带来身心健康、生活满意与个人成长等积极影响（Ragheb and Griffith，1982；Riddick and Stewart，1994；Rusell，1987）。过去的研究显示，老人的社会参与与生活满意度之间有密切的相关性（Baxter et al.，1998；Coleman and Iso-Ahola，1993；Heller and Mansbach，1984；黄璉华，1992；王光旭，2016b）。换言之，社会活动的参与可以提供高龄者与社会联结的能力，发展家庭支持网络之外的其他社会支持网络，有利于其成功老化。近年来，英国学者透过社区的行动建构老人的友善环境，透过提高老人社区感的方式，让老人更能够融入社区的生活，进而达到成功老化的理想（Austin et al., 2005, 2006; Fried et al., 1997）。因此，社区的服务，社区活动的供给，对于想要在地养老的高龄者而言，提供了认识新朋友或加入新团体的机会，有助于退休后老人社会支持的转换与老化的成功。

社区据点设立的目的，即是以社区化的服务方式，运用当地人力、物力及相关资源，提供在地老人预防照护服务，让老人在自己生活的社区中享受各项福利措施与服务，增进其社区意识与参与感，透过在地养老来达成成功老化之理想（赵善如等，2007：188）。根据针对高龄者成功老化的测量，健康自主层面是成功老化最重要的因素（Rowe and Kahn, 1987, 1997; 林丽惠，2006：134）。而老人的健康则包括规律的身体和心理活动、适当的营养、休息和放松，以及维持社会支持网络等，若能与社会有良好的互动及社交活动，不仅能延长生命的长度，也可以增进生命的质量（张丽芳，2008：9）。

因此，针对据点的软硬件服务质量与社区老人成功老化是否相关，笔者做了因果关系检定，其分析结果如下表。首先，笔者将老人的个人背景条件与和亲友间的互动关系当成控制变量。置入控制变量以后，再分别置入硬件的服务质量与软件的服务质量，以及两者同时置入，比较其差异。结果发现在模型二当中，硬件服务质量的未标准化 B 系数为 0.56（$p<0.001$），而整个模型的 R^2 从原本的 0.29 提升到 0.55（$\triangle R^2=0.26$，$p<0.001$），显示硬件服务质量与成功老化的提

升程度间有正向联连性。其次，在模型三当中，软件服务质量的未标准化 B 系数为 0.39（$p<0.001$），而整个模型的 R^2 从原本模型一的 0.29 提升到 0.47（$\triangle R^2=0.19$，$p<0.001$），也显示在控制了个人背景变量与社会互动关系后，据点的软件服务质量对成功老化的提升程度有显著的预测效果。最后，若将硬件与软件服务质量皆置入模型，可发现在模型四当中，两者的未标准化 B 系数皆显示与成功老化的提升程度间有正向且显著的关联性（硬件质量 B 系数 =0.45，$p<0.001$；软件质量 B 系数 =0.19，$p<0.001$）。换言之，社区据点软硬件的服务质量愈好，则社区老人的成功老化提升程度愈高，显示良好的社区养老服务确实会有助于增加高龄者成功老化的机会，让服务的接受者能享受到健康愉快的老年生活。

表 5-8　据点服务质量（硬件、软件）及成功老化之关联性

变数	成功老化							
	模型一		模型二		模型三		模型四	
题项	*B*	*VIF*	*B*	*VIF*	*B*	*VIF*	*B*	*VIF*
截距	3.57		1.56		2.18		1.26	
控制变项								
性别	0.07	1.28	0.02	1.29	0.8[+]	1.27	0.03	1.27
年龄	−0.01[*]	1.43	−0.00[+]	1.44	−0.01[*]	1.40	−0.00[+]	1.40
教育	0.00	1.42	−0.00	1.42	−0.00	1.41	0.00	1.40
健康	0.22[***]	1.21	0.11[***]	1.37	0.19[***]	1.22	0.13[***]	1.38

变数	成功老化							
	模型一		模型二		模型三		模型四	
配偶互动	−0.06	1.32	−0.01	1.33	−0.04	1.31	−0.01	1.33
子女互动	−0.14	1.15	−0.13[+]	1.15	−0.17[*]	1.16	−0.16[*]	1.17
邻居互动	0.29[***]	1.15	0.25[***]	1.15	0.21[**]	1.20	0.21[***]	1.20
朋友互动	0.03	1.11	0.06	1.11	0.02	1.11	0.04	1.12
据点志工	−0.19[**]	1.08	−0.16[**]	1.08	−0.24[***]	1.09	−0.21[***]	1.11
解释变项								
硬件质量			0.56[***]	1.17			0.45[***]	1.68
软件质量					0.39[***]	1.06	0.19[***]	1.51
R^2	0.29	0.55	0.47	0.60				
调整后 R^2	0.27	0.54	0.46	0.58				
F	16.91[***]	45.64[***]	33.25[***]	50.57[***]				
$\triangle R^2$	0.29[***]	0.26[***]	0.19[***]	0.31[***]				

[+] $p<0.1$；[*] $p<0.05$；[**] $p<0.01$；[***] $p<0.001$。

注：1. 性别：女性为 0，男性为 1。

2. 教育换算为受教育的年数，例如：小学为 6，初中为 9，高中为 12，大学为 16，以此类推。

3. 控制变项中的互动变项（A5 ~ A9）：没互动为 0，有互动为 1。

4. 表中 B 值为未标准化 B 系数。

四 社区营造的启示

本文利用台湾"科技部"计划收集的资料，初步探索台湾老人社区生活参与的情形，以及据点服务品质和成功老化间的关联性，系统地评估社区照顾关怀据点在社区养老目的上的成果。总的来说，台湾20年来的社区营造成果，为社区养老提供了良好的基础，福利社区化制度的实践，是社区营造与福利社区化的完美结合，更是行动－干预社会学最好的实验成果。从台湾的实践经验来看，营造对高龄者友善的社区环境，有利于让社区老人更容易也更愿意在上述社区参与、邻里互动等方面有更多的参与与投入，进一步强化社区老人的工具性与情感性社会网络，建立除了家庭和朋友以外的社区社会支持网络，也加强老人的社区意识，让老人能更容易融入社区，实践在地老化，强化与社区和社会之间的整合。

台湾已于2017年开始实施"长照制度"。台湾长照制度的设计包含了目前的机构式照顾、居家式照顾与社区式照顾三类，各自有其分工。蔡英文上台后，更积极地推动"长照2.0"制度，将台湾长照制度的重点转向社区式照顾，希望能把长照服务的能量，透过民间自组织普及到台湾的每一寸土地。由于机构式照顾在台湾社会的接受度不高，服务能量也不足，尤其南部的长者由于观念与民情的关系，更无法接受被子女送到机构养老，相反，大多是北部的、社会阶层较高的家庭，经济上比较有能力，观念上也比较能接受将家中长者送到养老机构。然而，台湾私营的"养老村"首先要求缴纳动辄数百万台币的入会费，然后每个月再定期缴交费用，并非所有的家庭与老人皆负担得起。因此若以台湾全部65岁以上的老人人数当作分母，估计不到20%的老人会接受或有能力接受机构式的养老，80%以上的老人，还是需要社区与居家的照顾。台湾"卫生福利部"次长吕宝静表示，"长照 2.0"最重要的是发展长照在地化，并向前优化社区初级预防功能。

目前最新的"长照十年计划 2.0"中，社区整体照顾模式的运作要规划 A–B–C 三种层次的服务据点。其中 A 级服务据点指涉的就是社区整合型服务中心，目标为在全台湾设置 469 处，原则上每乡镇或市区至少设置一处；B 级的服务据点为复合型日间服务中心，主要的功能为日间托老，规划每一个中学学区设置一处，全台湾共计要有 829 处；C 级服务据点指的是巷弄长照站，整合目前各社区照顾的服务团体，特别是社区据点，以及村里办公处或社区发展协会（自组织）、卫生所等，每三个村里设置一处，预计总共设置 2529 处。换言之，"长照十年计划 2.0"的社区式长照服务，是一种以 A 据点为核心，透过与 B 和 C 据点的连接，从点到面的扩展，来提供社区照顾的绵密服务蛛网系统，全台湾预计要成立 469 个整合型社区服务网络，而过去历时十多年所发展起来的社区照顾关怀据点，就是构成 C 级服务重要的骨干（长期照顾推动小组，2016）。

民进党当局将"长照 2.0"的制度改为税收制，而非国民党所主张的社会保险制，当作社会福利体系的一环。长照服务虽然今年即将上路，但也面临一些严峻的问题。第一，目前社区和居家照顾的服务能量非常不足，人力紧缺，服务和看护人员与失能老人之间的比例非常不协调。机构式照顾也面临同样的问题，目前只有三分之一的县市可以满足所有重度失能的老人入住机构，其余三分之二的县市中，长照机构床位数明显处于供小于求的状态。此外，虽然台湾各大学社工与护理相关科系不少,培养的社工与护理人员也有一定的数量,但因为工作繁重,薪资与升迁的前景不佳,年轻人并不愿意投入长照服务产业,造成社工与医护的人才荒。因此,解决长照服务人力的基本需求,是民进党当局长照政策成败必要前提。

第二,长照的财源也是一个极大的问题,民进党当局通过修法增加长照特种基金的财源,将赠遗税由目前 10% 增加到 20%,以及增加每包烟 20 元台币的烟税,预计每一年可以增加 158 亿台币的税收,再加上当局编列的预算,一年大约可以达到 300 亿台币的预算规模。但无论是赠遗税或烟税,都属于不稳定财源,仍有风险。

第三,目前长照 A-B-C 三级的制度设计、建构原则主要依据人口密度。实际上偏远乡村和都市的人口差异极大,地理空间及服务需要的密度差异也非常大。当人口密度高的乡镇如新北市板桥区,依人口密度设置 5A、11B、42C 的据点时,偏远乡村如台东县长滨乡却只有 1A、1B、1C,但长滨乡幅员广大,区域面积足足是板桥区的 6 倍,人口老化比率更是偏高。如果长照 ABC 如"卫生福利部"倡导的便民,无论何处人人都可找到服务,以达成社区在地老化,那么,我们得问:长照 ABC 的设置,是否把现有城乡、人力的极大差异考虑进去?据此,目前民进党当局即将推动的"长照 2.0"制度中,首先要面对与克服的就是长照服务专业人力的缺乏、长照财源的不稳定,以及长照服务资源配置的城乡差异等三大问题。

总的来说,社区养老最大的目的在于增加高龄者社会参与的机会。社会参与是成功老化和活跃老化的基石,在一个以在地养老 / 在地老化为主流的社会里，如何创造友善的在地老化环境，是当局建构养老体系的重要环节之一，也是长照体系必须关注的课题之一，更是行动－干预社会学最好的观察题材。由目前初步调查的结果来看，老人对社区活动的参与与邻里互动的频率，都仍有待提升，特别是对于老老人与中老人等高龄族群，在身体、心理与社会参与及社会支持网络方面都远不如初老人，更是当前社区养老政策亟须关注的对象。基于实证研究（evidence-based research）和政策规划（policy formulation）的原则，调查高龄者对社区活动的参与程度、邻里互动的频率、社会网络与社会支持的规模及来源，以及其社区意识观感，以及这些因素与老人福祉间的关系，有助于对当前老人社会整合程度的了解与在地老化策略的拟定，进而增进老人的身心健康与福祉，降低政府与社会面对高龄社会治理难题的成本。本研究的结果仅是一个初步的探索，仍待后续研究者进行更广泛深入的投入与研究，俾能更有益于现行社区养老政策的完善。

参考书目：

Austin, C., et al.（2005）. "Community Development with Older Adults in Their Neighbourhoods: The Elder Friendly Communities Program," *Families in Society*, 83（3）, 401-410.

Austin, C., et al.（2006）. *The Elder Friendly Communities Project: Understanding*

Community Development and Service Coordination to Enhance Senior's Quality of Life. Calgray，AB：University of Calgray，Faculty of Social Work. Final Report.

Baxter，J.，Shetterly，S. M.，Eby，C.，Mason，L.，Cortese，C. F.，and Hamman，R. F.（1998）. "Social networkfactors associated with perceived quality of life–The San Luis Valley Health and Aging Study." *Journal of Aging and Health*，10（3），287–310.

Coleman，D. and Iso–Ahola，S. E.（1993）. "Leisure and Health：The Role of Social Support and Self–Determination." *Journal of Leisure*，25，111–128.

Fried，L. P.，et al.（1997）. "Building Communities That Promote Successful Aging." *The Western Journal of Medicine*，167（4），216–219.

Heller，K. and Mansbach，W. E.（1984）. "The Multifaceted Nature of Social Support in a CommunitySample of Elderly Women." *Journal of Social Issues*，40（4），99–112.

Ragheb，M. G. and Griffith，C. A.（1982）. "The Contribution of Leisure Participation and Leisure Satisfaction of Life Satisfaction of Older Women." *Journal of Leisure Research*，14（4），295–306.

Riddick，C. C. and Stewart，D. G.（1994）. "An Examination of the Life Satisfaction and Importance of Leisure in the Lives of Older Female Retirees：A Comparison of Blacks to Whites." *Journal of Leisure Research*，26（1）：75–87.

Rowe，J. W. and Kahn，R. L.（1987）. "Human Aging：Usual and Successful." *Science*，237（4811），143–149.

Rowe，J. W. and Kahn，R. L.（1997）. Successful Aging. *The Gerontologist*，37（4），433–440.

Russell, R. N. (1987). The Importance of Recreation Satisfaction and Activity Participation to the Life Satisfaction of Age-Segregated Retirees. *Journal of Leisure Research*, 19 (4), 273-283.

Swader, C., & Yuan, H. (2010). On family, work, money and moral: ntergenerational value difference in China. *Chinese Journal of Sociology*, 30 (4), 118-142.

王光旭，2016a，《台湾老人社区生活参与之初探》，《社区发展季刊》第 154 期（《台湾社区发展 50 年——回顾与前瞻》），第 132～147 页。

王光旭，2016b，《社区据点服务质量与成功老化提升程度关连性之初探：政府角色认知的调节效果》，《公共行政学报》第 50 期，第 77～115 页。

"内政部统计处"，2011，《"内政部"统计通报 2011 年第十一周——2009 年老人状况调查结果》，《内政统计通报》2014 年 12 月 2 日，网址：http://www.moi.gov.tw/stat/news_content.aspx?sn=5060&page=3。

长期照顾推动小组，2016，《"行政院"长期照顾推动小组第一次会议报告案简报数据》2016 年 7 月 19 日，网址：http://www.mohw.gov.tw/cht/LTC/DM1_P.aspx?f_list_no=976&fod_list_no=0&doc_no=55616。

"行政院"，2005，《台湾健康社区六星计划推动方案：核定本》2016 年 7 月 2 日，网址：http://goo.gl/6O4UA。

张丽芳，2008，《社交活动对老人的影响》，《护福季刊》第 178 期，第 9～14 页。

林丽惠，2006，《台湾高龄学习者成功老化之研究》，《人口学刊》第 33 期，第 133～170 页。

赵善如、萧诚佑、黄松林、江玉娟、郭惠怡、陈素华、冯秀玉，2007，《社区照顾关怀据点经营管理绩效评估研究——以高雄市为例》，《社区发展季刊》第

协商自治·社区治理 学者参与社区实验的案例

117 期，第 186 ~ 217 页。

黄琏华，1992,《老人生活满意度相关因素之因径分析研究》,《护理杂志》第 4

期（总 39 期），第 37 ~ 47 页。

第六章

嘉定协商式社区治理经验
——进行中的嘉定区社区营造

曾凡木　范杰臣*

嘉定区在上海西北部，20 世纪 50 年代末，嘉定被命名为"上海科学卫星城"。从 2000 年起，随着社会的发展、经济的转型和城市化进程的加快，嘉定区人口迅速增长，社会管理任务加重。2000 年，区

*　曾凡木，清华大学社会学系博士，主要研究方向为组织社会学，长期从事社区营造与社区治理研究，并参与社区营造的实务工作。
范杰臣，现任清华大学社会科学学院信义社区营造研究中心副秘书长，上海信义社区营造中心副主任，上海市嘉定区新建小区前置社区营造实验基地执行者。
嘉定实验是由中国社会科学院－上海市人民政府上海研究院、清华大学合作开展的协商式社区治理试验项目，并由清华大学社会科学学院信义社区营造研究中心在上海市嘉定区实施。项目由清华大学社会学系罗家德教授负责，徐晓菁、张文宏等参与调查与实验过程。项目自 2015 年开始实施，研究主题为协商式社区治理，项目包括对协商式社区治理实验工作进行记录、整理、研究并进行参与式观察，进一步开展社区营造培训，促进社区社会组织成长、发展，推动其参与社区治理，形成协商式社区治理的良好形态。

委、区政府根据社会发展的需要，成立了嘉定区地区管理办公室，由其主抓全区的社区建设和管理工作，这在全国的社会建设工作来看，也是比较超前。多年来的社区建设工作开展，使嘉定区积累了丰富的经验。2007 年，因社区居民的需求，基层街道开始试点"睦邻点"建设，旨在让陌生的邻居熟悉起来、让疏远的邻居亲近起来、让静寂的楼道热闹起来、让困难的邻居幸福起来，经过两年的试点探索，邀请专家进行指导，取得了一定可借鉴、可复制的实效。2009 年开始，嘉定通过召开全区推广大会，在全区引导开展了睦邻点建设。在睦邻点逐步成熟的情况下，2013 年起，将其升级为睦邻节活动，通过睦邻节把全区全年的睦邻活动联结起来，以吸引更多的人参与进来。睦邻节至今已举办五届，取得了良好的社会效应，在全区群众和社区工作者中都有良好的反响。为了更好地推动社会建设，探索协商式社区治理的新模式，嘉定区选择了三个社区开展社区试验，以期获得更为丰富的实践经验。这三个社区便是希望社区、福蕴社区、信义嘉庭小区。

一　案例背景——嘉定区社区自组织发展情况

协商式社区治理便是通过社区营造的手段，让社区内的居民通过自组织的方式连接起来，形成对社区中的公共事务参与、议事的能力，逐渐形成自治理的方式。在此基础上，社区内的自组织通过更规范的能力建设，与政府一起参与关于公共事务的协商，形成良好的政社协商的机制和平台，从而形成有效的多元治理机制。社区自组织不是凭空自发就能产生的，需要在地政府与外界力量合作加以培育才能成长。这里首先介绍3个社区自组织的发展状况。

（一）希望社区自组织

希望社区工作委员会成立于2013年11月18日，隶属于嘉定新城管委会（嘉定区马陆镇人民政府），位于嘉定新城核心区西南部，辖区总面积3.02平方公里。下辖秋霞坊、堤香公馆、合景领峰华庭、龙湖丽城、中信泰富又一城、常发豪庭国际、嘉宝联友7个小区，部分小区已开始筹建居委会，总建筑户数约7000户，预计未来人口数将达2.1万人。小区建成不久，目前的入住率还不高，小区内的居民来自全国各地，多数在上海市区内工作，同时有老人为子女照顾孙子孙女而从老家过来，因此人员构成较为多元。

由于嘉定新城（马陆镇）推行了镇管社区改革，希望社区成为街镇和居委会之间的新层级，希望社区管辖多个居委会。辖区内社区社会组织的发展情况也较特殊。无论是人员还是经费，居委会这一层级被大大压缩，在引导社区自组织发展过程中，难以起到其他街镇的居委会类似的功能，只能在场地上提供一些支持。由此，希望社区承担了很多原来由居委会承担的责任，社区内的很多活动是由希望社区主办的。社区发动居民参与，并从中发掘志愿者和社区能人，鼓励他们带领社区其他居民组成一些团队，社区为这些团队提供一定的经费和场地等资源。目前希望社区已有十多支社区社会组织的队伍，如合唱队、柔力球队、太极拳队、编织坊等。

　　由于是希望社区给予支持，在整个社区内动员居民来参与，这些自组织中的很多团队都是跨居委会的，而不仅仅局限于某个居委会或者小区。社区对这些自组织进行引导管理时便不能依赖居委会，而主要是与各个队伍的负责人沟通。

　　每支队伍在发展过程中都会形成三五个核心人员，由他们商量每支队伍的建设、发展，在团队发展中要承担更多的责任，付出更多的心力、体力，甚至物质、资金。希望社区在提供支持时，往往是社区自组织在年初时编列本年度队伍的发展计划、预算等，上报希望社区，进而争取当年的经费。希望社区在拨给经费时，会根据自身本年度的发展重点，重点扶持几支队伍，在经费上给予倾斜，而其他拨款会少一些。如2015年的重点是纪念反法西斯战争胜利70周年，有很多庆祝活动，红歌成为重点。除与发展重点有关，拨款还与该社团的上年表现有关，如团队内、团队间是否和谐（是否发生争抢场地的纠纷，如有此类事件，两个团队都会被扣分），演出得奖情况等。

　　在自组织发展中会形成一些共有财产，希望社区团队的共有财产主要有两种形式，即（1）社区支持的经费以及用这些经费购买的一些公用的设备、服装，（2）团队外出演出活动奖金等形式的收入。不同的共有财产有不同的管理方式，社区介入了第一种共有财产的管理，而对第二种并不干预。社区利用公共经费为他们购置的设备、服装等都被看作社区中的公共资源，所有团队都可以使用，不得有人将其私自带回家中，占为己有，相关财物的使用都形成了明文规定。曾有人提出将共有财产带回家，被社区和居委会的人严词拒绝。但有些团体排练次数多，可暂时将共有财产拿到家里，但如有其他人要用，则随时取回。团队内的所得可以自由支配使用，如团队演出所获奖金，可以充作团队公用基金，也可均分给团队个人。有不少团队将其作为公用基金，在以后自己组织活动或座谈时，可用其购置一些简单用品，而不必向上申请经费，可以相对独立的运作。

从上述自组织的活动经费而言，主要是从社区和居委会获得支持。而在对社会组织的支持上，居委会的能力也大大减弱，很多能力被社区一层吸纳，其独立性被大大削弱。这样最基层的块块被上移了一层。只是原有的居委会的层面，小区内人口规模适中，还可形成人员的熟识，而在大的社区层面则必然分割成不同的小团体，社区自组织的发展表现出不同以往的一些特点。

希望社区的团队发展初期设立了一些的标准，实施中能得到大家的认可和理解，更加容易形成共识，团队的建设会更加顺畅。

（二）福蕴社区自组织

福蕴社区地处嘉定工业区南片，是一个拥有 3022 户住户的大型社区。辖区范围内包括南苑四村、南苑八村、南苑九村、南苑十村、右岸嘉园五个小区。南苑四村、南苑八村、南苑九村、南苑十村四个小区是 2000 年在工业区范围内的征地拆迁后还建形成的小区，因此小区历史并不算长。居民从乡村农民转化成城镇居民的时间不长。右岸嘉园小区是在 2009 年建成的新式小区。

福蕴社区中存在很多自组织的队伍，从目前来看更多是文娱类的，如广场舞团体、扁鼓队等。这些队伍都是根据自身的爱好而在小区内组织起来的，他们如果需要场地，都是与居委会协调，借用小区内的公共场地。这些队伍需要参加演出时，居委会还会拨给一部分资金，让他们购买道具、服装，这些便构成他们的公共财产。在年终联欢时，这些队伍多会参加，为小区居民表演一些节目。其中较有代表性的是右岸嘉园的扁鼓队。扁鼓队的负责人是王雪芳，她来这里买房之后不久便在楼下贴出告示，在小区内召集大家来跳广场舞，约定了时间和地点，结果来了一些人，活动在开展过程中影响扩大，扩展到一定的规模，但后来舞蹈队没有维持下去。社区书记后来动员她组织起一支腰鼓队，她说腰鼓现在不流行了，不如搞扁鼓队。于是队伍便开始组建，现在有 6 个男队员、10 个女队员，本来还有 2 个女队员，后因参加别的舞蹈队便退出了。现在队中有 14 面鼓，他们还参加过工业区的一个比赛，福蕴社区居委会为他们准备了道具，购置了衣服，一套衣服 100 元、一个鼓 200 元。

（三）信义嘉庭小区的前置社区营造

信义嘉庭小区，属于新建商品房小区，特色在于小区在开发建设过程中，即导入社区营造的专业团队，由专业团队随时跟进业主的社区动力发展，并从称呼上调整，让业主变身为"准居民"，以身份认同为出发点，将社区建设工作"前置"于入住。此一前置实验，为大陆前置型社区营造的首个案例。

小区由开发商信义置业（上海）有限公司设置专属社造组进行业主的培力、陪伴、引导工作，在线上以微信平台作为互动基础，后期自行投入开发客户专属 APP，并优化 APP 内的功能，在居民入住之前，完善业主对于小区居民的人际互动与工程进度信息交流之需要。而社造专业人员的身份，由开发商转为台湾信义公益基金会、清华大学信义社区营造研究中心的身份，有助于小区业主与专业团队快速建立信任关系，以专家、公益组织的身份，在开发商与居民之间扮演居中协调者的角色，确实提高居民对社造专业人员的信任度。社造人员在线上关注业主的时间，从早上 7 点到晚上 11 点，在 APP 软件开发后，更同步关注两项沟通平台，其投入程度与居民的信任程度，更甚于其他部门。

线下活动的推广，有初期发掘业主的兴趣主题，包含手工 DIY、烘焙 DIY、串珠 DIY 等对居民各类兴趣的培养；也有以亲子互动为主轴的每月生日会，每月将当月生日的业主聚集起来，一同开心过生日，既联系情感又相互交换住房信息。中后期随着入住时间的推进，通过社造专业人员判断，发掘具有社区共识与服务意识的居民，让他们自愿聚在一起商讨大家搬家入住所需要的各项事宜，其团队服务的意识已经成型，有助于入住之后自组织的形成。

信义嘉庭小区经过 2016 年的培训与社造人员协助，其未入住业主经历了以下演变阶段。

1. 信任建立期。2015 年 5 月开始销售后，产生第一批业主，而产生业主的形式与销售策略有关——小批量、多次数的产生。业主的分批产生，对建立信任关系有所助益。信任关系的建立是缓慢且漫长的过程，社造团队通过各种方式加强"业主与业主之间"、"业主与社造专业者之间"、"业主与开发商之间"的信任。建立微信互动群是一种有效的互动渠道，投入时间长且持续关注微信群内的发言，与业主互动、交心、真诚的回应，可强化业主对社造专业人员的信任。

在线下活动中，社造人员以专业的破冰拓展训练，拉近业主与业主之间的距离，并让大家找到共同兴趣、共同话题，通过线上与线下的互动连线，增进彼此情谊。当业主间、业主与社造人员间的信任建立完成后，进一步将业主对社造人员的信任，移转到对开发商的信任上，这个信任关系的移转，在开发商支持的社区营造前置中，是非常重的工作，务必让信任关系移转，开发商的支持投入才能得到相应的回应。

2. 能人挖掘期。2016 年一整年，通过线下的主题活动，发掘社区能人，有的人是手工艺制作的能手；有的人对物业管理非常擅长；有的人在自己小区与物业、居委会有过很深刻的互动经验；有的人则是铝门窗的老板，有许多装修经验；有的人团购很有经验，总是有门路找到又便宜又好的商品；有的人是咏春拳的教练。这些能人被发掘出来后，可以成为社区自组织、兴趣社团的负责人。虽然社造人员曾经想在前置社造中发起兴趣团体的组织，但经过两轮努力后，仍未能立即成立社团，究其原因，大多数业主尚未入住，参与活动，都需要"专程"前往，习惯与自主性尚未改变，再者，社区业主对于还未发生的事情（入住后的各公共空间使用、社区活动筹办）不感兴趣，因此事先收集名单、建立人员资料库是该阶段的目标。

3.互帮互助期。越接近第一期业主的交房时间，越多业主开始讨论入住的各项准备事宜。经观察，互帮互助的团体成形，主要是群内发言比较多的业主自己组成为大家服务的小型团体。小团体原本的目标是：义务帮助业主推荐家具、家装、家电、各种入住服务等品牌，由业主自主牵头，释放手上资源，供其他业主共同团购、采买等，体现社造以己力互帮互助的精神。

经实际观察发现，在2016年10月份启动新居互助团的过程中，由于互助团的发起，可能涉及个人利益，在讨论如何推荐厂商、如何筛选品质等过程中，有业主提出质疑，怀疑牵头的人从中获得个人利益，甚至有些加入互助团的业主，仅仅是想从中获得资源，并未想直接出力帮助他人。足见这个阶段，若在信任关系不稳固的情况下，不能贸然推动业主进行牵涉自身利益的互助行为，依然须先行巩固信任关系方能成事。

4.社区共识磨合期。第一期交房预定在2017年第一季的消息出来后，许多已经知道原合同交房日期的业主，又开始关注交房时间能否再提前，并开始讨论曾经的销售人员对他们宣称的各种日期。在这阶段之前，社造单位曾经每个月邀请业主针对入住后的公共空间管理、使用申请等方案进行讨论，其反馈与关注议题者，仅占全体居民的近10%，究其原因，不外乎是：还没入住，没遇到问题；等到遇到问题再说；全部交给物业负责；到时候业委会强烈主导，物业有反抗或有意见，大家再共商对策。有些业主对于新建小区的管理方法很感兴趣，由于他们目前居住的小区有着历史的痛点，使他们关注前置社造时，便强烈要求应该关注在未来公共空间的使用管理方案。再者，由于自己所在的小区已经无法改善，业主寄望新小区能够避免旧有问题再度发生在新小区。社造人员关注这一区域后，曾经与客服人员、物业公司进行沟通协调，欲将所有可提供的社区管理方法汇总公告，以事先提供业主参考与意见征集。

二　干预过程——嘉定区协商式社区治理实务工作进展

协商式社区治理要求自组织的发展，而自组织的发展需要各类活动顺利开展，而后才有协商式社区治理的成熟。嘉定区协商式社区治理过程中主要开展了社区资源与需求调查、培育自组织睦邻点、举办睦邻节、开展社区营造培训、评估等活动。

（一）社区资源与需求调查

嘉定社区营造活动的开展，首先进行了社区资源调查和社区需求调查。社区的需求实际上是社区居民的需求，我们将居民的需求分为两种。

第一，社区内所有居民面对的共同需求。这一类需求通常是社区居民面临的公共物品的供给问题，如社区治安、社区道路、环境保护等。通过对社区居委会干部、普通居民的访谈，在社区内的实地观察，调查团队将会掌握社区内居民的共同需求的状况以及不同需求的迫切程度。

第二，不同群体所面临的特殊需求。社区居民是由不同的人员构成的，调查团队将调查居民的年龄构成、家庭形态、经济收入形态、人口来源构成等方面。不同的人口构成状况将有不同的需求结构，如老年人占比较高的社区将有较高的养老服务的需求，双职工的年轻家庭则有幼儿托管照料的需求。不同的收入层次也会有不同的消费结构和生活方式，对社区生活的需求结构也有很大差异。如果社区外地人口较多，则可能会有本地人与外地人的融合问题。

社区资源调查则以社区内自组织现有情况为主，主要调查长期存在至今仍在运作的社区组织，它们的负责人，以及社区中有意愿、有能力组织公共事务的能人，还有热心参与的志愿者，他们是发动社区自组织的最重要的资源。

2015年10月、11月，清华大学信义社区营造研究中心的工作人员围绕着资源调查和需求调查的任务以及嘉定区三个社区政社协商发展情况，深入基层开展了调查，这些调查的成果将作为社区营造下一步的活动依据。

（二）培育自组织睦邻点——引导社区自组织的发展

2007年在嘉定镇街道最早进行睦邻点试验。嘉定镇街道的社区中空巢老年人多，房子大，很多老人在家里寂寞，但到社区居委会的活动地点有点距离。一些老人便希望召集附近的老人到自己家里来交流聊天排解寂寞。社区居委会将这个主意与街镇领导沟通，领导非常支持。嘉定镇街道便将这些老人聚会沟通的点建设成睦邻点，并在嘉定镇街道 17 个社区居委会中推广，引起了很大的反响。2009 年嘉定区地区管理办公室（嘉定区社会建设工作办公室的前身）将这种模式在全区 100 多个居委会（现在有 200 多个居委会）铺开，成为可复制的典型，并与嘉定文化相融。现在全区有 2000 多个睦邻点，很多睦邻点在居民家中，也有的在居委会活动室中。

睦邻点要求有比较常态化运作，每个居委也会有一个名册。经常参与的人、主要活动地点、睦邻点的负责人，每次活动会由负责人简单记录一下。睦邻点的形成有两种方式：其一是社区中自发形成的睦邻点，这些多是基于兴趣爱好而形成的，大家相互投缘而在一起活动；其二是社区居委会提供充分良好的活动场地，号召大家走出家门，来到公共场所来活动，而逐渐形成的睦邻点。比如有些戏曲睦邻点，其中一个戏曲睦邻点是在车库里的，因这里有一对老夫妻很喜欢戏剧，便买了很多碟，天天在车库里播放，两人一起欣赏。附近一些居民也爱好戏曲，慢慢就聚到他们那边去活动，大家一起听，听完一起唱。慢慢地，他们人员、时间、地点都相对固定了，人也聚得更多了。居委会认为这个点相对比较成熟了，给他们做一个简单的介绍，社工为这对老夫妻设计一张表格，对每次活动进行简单的记录，包括时间、地点、曲目。

睦邻点本来就是大家兴趣爱好一致，慢慢走到一起的，他们可能是自发的，也可能是居委发现有需求，慢慢组织的。一些睦邻点在其不断发展壮大之后，会更加规范成熟，条件合适时，便可以发展成为一支群团组织，即社区内的自组织，如一些舞蹈团体，便是由最初的睦邻点发展起来，最初并没有想到要组织一支队伍，而只是大家到这里交流、跳舞放松。有的舞蹈队觉得跳得还不错，便购置了统一的服装，然后向居委会咨询，有没有相关的比赛，她们的团队可以去参加。在这些群团组织逐渐发展之后，居委会希望能够积极引导，组织培训，使这些群团组织走向专业化，更上一层楼成为"专业委员会"，之后更进一步发展成为社会组织，还可以登记注册，能够开展更为专业的服务，也可以为其他未成熟的群团组织开展一些培训业务。

街镇、居委会对群团组织进行有效引导的时候，可以以公益微创投的方式来开展，即由区级或街镇拨款设立基金，每个群团组织以自己擅长的方式申请这些基金，以项目的方式完成这些基金所要求的任务。这些项目的申请要以竞赛的方式来进行，在申请过程中，由相关的专家来对这些项目进行点评、评比，优秀者通过申请，并拨给资金。项目申请成功后，则由专业人士来指导这些项目，积极引导这些社会组织的发展。最后结项时，再次点评验收，指出其项目运作过程的优势和不足，以利其进一步的发展。

（三）睦邻节——社区自组织观摩与学习

在睦邻点举办多年后，嘉定区试图改变原有的形式，在 2013 年以睦邻节的形式开展。这种方式扩大了参与群体，不是只有老人参加，而是将各年龄段的人吸引进来，并能将原来相对隔绝的睦邻点串起来，而原来的点人数固定，人员封闭。睦邻节的举办过程，一般是上半年举行开幕式，下半年举行闭幕式，在此之间，社区围绕各种不同的形式开展活动。随着活动的开展、经验的丰富，睦邻节的形式也在不断地变换更新，探索符合嘉定区适应时代潮流的新形式。第一年（2013 年）各街镇都有开幕式和闭幕式。第二年（2014 年），各街镇有专场。第三年（2015 年），有不同的主题，各街镇可自行申报主题，嘉定区社建办出 8 个主题，还可自行拓展，不限此主题，可结合传统节日，一个街镇可以做多个主题。

在睦邻节的举办过程中，嘉定区社建办是主办单位，街镇政府、社会组织等协办。经费方面，只是资助，但并不由区财政全额拨款，以街镇财政为主，居委会的钱也是以街镇为主，因并无独立财政能力。居委会、街镇只是搭建平台，居民来参与活动，很多睦邻活动是居民自己举办的。群团组织一直都参与睦邻节的活动，2015 年探索专业的社会组织参与，效果不错，区级层面有 4 家社会组织参与。

2015 年的睦邻节开幕式是在嘉定新城举行的，4 月 26 日举办，在内场的舞台呈现上，嘉定新城考虑颇多，其实是给所有居民讲一个故事——"我们眼中什么是睦邻"，这可能作为一种号召，作为一种引领。外场分展示区域和互动区域，均以承办方为主，欢迎其他街镇自愿参加。展示区域是把睦邻点做的手工艺、文艺演出、图片展等形式，全部都拿出来放在指定地方，大家来进行交流和展示。

外场的展台是由众多的居委会布置的，邀请他们的居民来展示睦邻的成果，其中包括很多社区中的自组织的一些成果，因为场地关系，基本上每个社区根据自己社区的特色，带 2 ～ 3 件的代表性作品来展示。例如一些团队带来了很多串珠、手工的小作品，其实就是他们的自组织团队在平时的活动中做出来的，现在睦邻节开幕式给了他们一个展示成果的机会。老社区针织的东西比较多，也会送给社区的弱势群体，以前还给保安织过红围巾。一些原来的乡村社区有老布的工作坊，他们会去乡宅的各处，将传统的花纹颜色挑出来，制作成现在用的钱包或者旗袍等，所有的衣服都是他们手工制作的。互动区域是设计一些居民欢迎的项目，比如，涂鸦项目、串珠等简单易学且作品能够在短时间内呈现的，通过居民的参与体验，感受互动学习中的快乐，同时也可以和共同参与项目的其他居民相互交流认识熟悉。

这种开幕式成为自组织发展过程中的一个成果汇报的机会，大家在展示过程中不断与其他团体进行交流互动。在这种展示平台上，应该进一步调动这些自组织的积极性，鼓励其发展。可以在这些平台上进行一些公益微创投的项目的评选，这样便能够给一些较为优秀的自组织一定的资金，赞助其更进一步发展。在自组织进一步走向成熟的时候，便积极引导这些团体参与社区公共事务的议题，引导他们参与与政府的协商。为了促进其进一步的发展，应该引入民间社区营造型社会组织，进一步增加对这些社区自组织的培训，深化嘉定区发展社区自组织的经验。

（四）社区营造培训

社区营造培训也是协商式社区治理的一个重要的环节。每次培训都会根据每一期学员的背景和关注点，课程内容也随之微调。但培训班的核心理念是不变的：既有专家学者提供丰富的理论指导，又有社区营造专家分享具体的实践故事；既介绍台湾社造的成功经验，也探讨大陆的具体实情。每一期的培训班，都会安排 6 ~ 8 位导师和往届学员从不同的角度谈一谈社区营造。

培训班的课程设计旨在手把手教会学员从事社区营造工作，所以课程中既会谈到社区营造的启动方法等方法论层面的东西，也会谈到社区营造的基本含义等比较理论化的东西。同时在培训班中，每天晚上都安排了不同主题的工作坊，让学员们消化巩固当天的学习内容，并在相互的交流中碰撞出思想的火花，为最后的课程展示和之后的实际操作做准备。经过这一系列的培训，学员们的理论水平和实践思路将会有很大的进步，他们在社区营造方面的社会网络和社会支持也会极大扩展。

2015 年 9 月 7 ~ 11 日，举办了社区工作骨干培训，全区共计 12 个街镇的 78 名社区工作骨干前来参训。培训的整体目标是，建立学习成长新机制、创新社区治理新典范。为达成上述的整体目标，其所需深究的主要课题可分为如下几个层面。①社区培力、学习成长、落实扎根。社区营造理念的学习及落实扎根，以培养社区居民参与社区公共事务及规划社区发展方向与活动执行的能力，使其能真正达到自主参与协助社区营造组织经营，并辅导其正常有效运作，在实际运作中学习，达到技术移转、经验传承的目的与社区工作的理想。②发掘特色、资源整合、公私合作。善用地方特色资源，建立社区发展整合性资源架构，培育各类社区营造所需理论与实务兼具的工作人才。链接行政部门相关单位及民间企业可用资源，整体有效运用，塑造具有地方历史脉络与人文特质的生活空间。③创新典范、文化再造、整体提升。创造"生活、文化、艺术、产业、休闲"五合一的新社区典范，以艺术、文化、特色产业结合地方传统优质群聚生活方式，塑造独特的地方生活风格，促成艺术、文化、产业、观光及生活环境的整体提升与再造。

2015年11月30日至12月1日，由嘉定区社会工作建设办公室主办，清华大学信义社区营造研究中心协办，针对嘉定区社区居委主任开展了两日工作坊培训课程。其课程规划，就朝向"创新社会工作方案"与"落实社区建设工作"两方面着手进行设计，由清华大学信义社区营造研究中心顾问、台湾联合大学建筑系副教授王本壮老师担任讲师，进行为期2天的工作坊培训，出席人遍及嘉定区12个街道镇共计83个社区。本期工作坊的内容主要包括以下一些。①深化社造理念。本次培训为了让学员们更好地理解、掌握"社造"理念，真正有所收获，培训班改变传统的学习教育形式。通过王本壮老师以大量的案例生动阐述"社造的理念"以及"社造项目"带来的变化，为基层社区治理提供崭新的理论依据和可操作步骤。②强化自主管理。为了更好地进行培训班管理，在培训班开始前专门设立了班长，学员们则打乱街镇学员座位，分成 8 个小组，每组推选一名组长。各组组长分别引导学员开展小组议题讨论、制订项目方案。在破解社区难点议题的互动环节中，各组学员们互助讨论，发挥团体动力，共同进行策略探讨，将方案通过杂志剪贴、手工绘画等文字图片结合的形式展现在大卡纸上。上台展示的各组在阐述时个个都滔滔不绝阐述自身理念与想法。③注重实际操作。"社造"不是成果，"社造"是"造景、造人、造社区"的过程。通过对社区长期存在的难点议题，以"社造"的理念和方法，形成创新构想，每个环节都进行实践讨论和专家点评，再进入分享讨论到方案优化等环节，最终形成一个较完整可实施的方案。4 个议题完成了 8 个各具特点的方案：物管回家、青青改造家、同乘共享携手回家、同檐家园、宠物情缘、"犬"力以赴等。

（五）政社协商

由于社会建设起步较早，嘉定区已形成了一些政社协商的平台，主要表现为两种形式，即官方主持的多方联席会议和民间自发的政社协商机制。

多方联席会议是在 2005 年开始建立的一个交流沟通的平台。因为在城镇化进程加快的时期，社会建设的任务十分复杂，单一治理主体和职能部门已无法有效应对，多方联席会议平台的建设主要是为解决复杂的、需要多方力量的问题。在这个平台，多元治理主体将自身遇到的问题提交到会议上讨论，其他各方参与，出谋划策并给予所在部门积极的支持。从全区来看，多方联席会议的治理主体主要包括派出所、物业公司、党组织、居委会、社工站、城管、居民代表。这种机制形成后得到很多地方的认可。这种机制在福蕴社区表现为四方会议，即居委会、业委会、物业、派出所，2015年9月城管才参加。参加人员：业委会主任和秘书、物业公司小区经理、派出所社区民警（一个片警）、居委会书记（站长、副书记）。城管加入是工业区现在才试验的，城管进入社区，职能范围增加，所负责的是本社区范围内的道路路面，如违章搭建、占用小区绿化。不同小区情况不同，有的小区可能并不需要城管进入。四方会议在居委会开，一两个小时。会议记录一个季度检查一次，有时碰到问题要立即汇报，要与有关部门沟通，会议由居委会来记录。多方联席会议现已是上级年终考核的重要一项。这种机制应对社区中出现的各类复杂问题，发挥群策群力的效果，在运作多年后逐渐成熟，对社区治理产生深刻积极的影响。

民间自发的政社协商机制也逐渐形成。这种政社协商机制的形成，多是由于社区内存在热心的能人，他们关心社区事务，有能力有热心为社区事务做出努力，并带动居民参与到社区事务的治理中去。而嘉定区的退休老人是这些能人群体的代表。例如，菊园新区嘉富社区老年人较多，老年人形成了一个"阿奶聊天室"，这个聊天室通常以茶话会的方式展开，大家在这个聊天室中围绕社区中的公共事务展开讨论，在这些讨论中开始涌现一些社区能人，他们有威望有能力，能够引导这些讨论往与大部分居民认可的方向走。再如，外冈镇杏花社区的"老大人调解"，这个社区在成立睦邻点之后，社区中一些老人开始参与社区事务的处理，因为他们在社区中的威望高，在社区调解过程中，说话有底气，别人也信服。这些老人还形成了团队轮班分工，负责社区里的调解事务。还有一个"老娘舅社区调解工作室"，周一到周五有人轮流值班。杏花社区作为老小区，与新建小区紧挨着，新建小区的围墙突出了红线，引起了居民的很大的不满。在与居民沟通的过程中，居委会请来了社区中的老人，这些老人都是退休人员，他们有时间、有精力、有人脉去查相关的规定，在了解之后再来与居民进行解释，居民便能够接受。

三　理论依据

（一）干预动机

协商式社区治理就是以社区内协商式民主的方式促成社区多元治理，旨在培育能够自我"造血"的多种多样的社区组织，以从事社区内养老、育幼、青少年心理辅导、家庭婚姻咨询、健康、环保等社区服务事项，甚至于公共资源善用及社区经济发展等工作，改变这类事项都是由政府或外界"输血"并由基层政府或社会组织承担的情况。多元协商平台有自上而下的基层政府力量，有平行移入的社会组织力量，也有自下而上的社区自组织力量，但后者需要培育才能茁壮成长，并非放任不管，自发就能产生，因此协商式社区治理需要一个培育社区自组织的过程。而嘉定在协商式社区治理的实践上形成了自己的模式，提供了一套可供借鉴的模式。

（二）实施理论——自组织的过程

自组织的第一步就是要问是什么样的关系使得一群人越聚越密。在中国这样一个关系社会中，自组织能否发生的关键不仅在于社区自身是否拥有基本的社会资本存量，也在于"是否存在一个或若干个民间领袖或精英"，这类精英"出于社会地位、威望、荣耀并向大众负责的考虑，而不（仅仅）是为了追求（个人）物质利益"。承担起带头人或主持人的角色，社区能人能够有效地影响社区内其他成员的态度和行为。能人现象不是中国独有，Oliver 和 Marwell 就在研究中指出，其实任何一个小团体的长期合作行为的产生都会有一个关键群体，普通成员之间的关系相对影响较小，更重要的是关键群体与被其动员的成员之间的关系情况，当关键群体位于社会关系网的中心位置时，便更容易通过私人关系影响其他组织成员加入到集体行动中来。"能人现象"证实了费孝通所说的个人中心差序格局人脉网，能人一定是在自己的人脉网中开始动员，动员过程经常就是一个能人带动了一群小能人，小能人又动员自己的人脉网，一个团体就在这样滚雪球的过程中慢慢扩张，逐渐成形。

此外，在社会关系网络中如何以社会认同为基础进行自组织的动员，亦是自组织过程中非常重要的一环。中国圈子现象特别发达，不是说西方没有，而是中国在这方面卓有特色。费孝通提出中国人的关系结构是差序格局的，而西方则是团体格局的，中国人的自组织是一

协商自治·社区治理 学者参与社区
实验的案例

个以自我为中心的人脉网，而这个人脉网的运作十分强调"动员"。东西方的动员机制差别很大，西方的动员一般是从性别的、阶级的、年龄的、社会地位的团体中寻找认同感；而传统中国却不同，宗族、乡亲、地缘性商帮等都可以成为自组织动员的认同基础，此外中国人的社会认同是可以创造的，甚至连宗族都可以是自造的，进而以创造性认同为基础进行自组织的动员。

在上述架构中我们还可以看到社区的外围环境也被包括进来，尤其是制度环境及政治环境。一方面外在的制度会决定社区自治理中的宪法规则，外在的规范也会形塑自组织内部的规范，使之趋同于社会普遍的要求，以取得合法性。另外，党组织深入社群造成了垂直权威与社会关系逻辑的重叠，外在政治权力也在基层组织中发挥了极其重要的影响。社区体制内精英的政治身份有利于取得政府在资源再分配中的"照顾"，自组织可以通过政治精英的中介作用从上级政府或其他社会组织那里获得自身发展所需的外部援助。但是，外部体制赋予社区领导者的权力资源既可能促成自组织的起步与维持，也可能对社区自组织的进一步发展造成障碍。

监督机制也是自组织治理的重要一环。自组织治理主要是在参与人达成共识后，根据其已有的信息自行设计资源利用与管理的制度规则。已有的监督和制裁往往过于依赖外部强制，却忽略了组织内社会资本所发挥的监督作用，因此，构建基于自组织的监督机制以及社会资本如何影响监督与制裁的有效执行也是自组织治理研究的一部分。

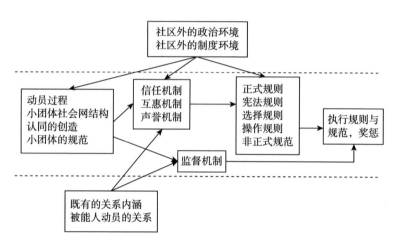

图 6-1　自组织治理运作机制

协商式社区治理便是通过社区营造的手段，让社区内的居民通过自组织的方式连接起来，能够对社区中的公共事务形成参与、议事的能力，逐渐形成自治理的方式。在此基础上，社区内的自组织通过更规范的能力建设，参与到与政府有关公共事务的协商过程中，形成良好的政社协商的机制和平台，从而形成有效多元治理的机制。

社区自组织不是凭空自发就能产生的，需要在地政府与外界力量合作加以培育才能成长，本研究团队调研嘉定区政府过去的一些做法，以协商式社区治理的观点加以分析，可以看到其过去的成果，现在正在进行的工作的意义，以及对未来工作的改善建议。

四　社区营造启示

（一）社区营造型社会组织进驻

社区自组织作为一种自发的力量从社区中发展起来，需要外部力量不断的引导，像一个种子发育成小苗，成长为小树，进而拔地而起成为大树，这一过程需要不断浇水、施肥、修枝，而社区营造型社会组织便扮演着这样的引导者的角色。嘉定区的信义嘉庭小区中的社区营造团队便扮演着社造型社会组织的角色。信义嘉庭小区是一个前置型社区营造的实验点，它的做法是在业主还未入住便开始进行社造活动，这在大陆的社造中还没有尝试过，对信义房屋的社造经验而言，也是全新的，对协商式社区治理经验的探索有着重要意义。

因为这个尝试，信义公益基金会成立社区营造团队，负责人范杰臣是在 2015 年的 4 月份来到信义嘉庭小区的，这里的社造活动是从 7 月份开始的。7 月是一个月一次活动，在 8 月之后，则是一周一次，一般是在周末，节假日除外。通过不断的活动，已有 20 多户较为活跃的积极分子，在以后可以更加积极地动员。活动一般有两种，即以主题形式展开的，如亲子、中秋、万圣节等，这种活动在所有业主中打电话发邀请，也可轮流组织，通常达到 30 人的规模，因要考虑到缺席的情况；以楼层空间为主展开的，如将某栋楼的 3 ~ 5 层的人家叫来，他们是未来的邻居，因为这样考虑到梯户的数量，可以达到 15 ~ 30 人的规模，这样的规模也便于活动的开展。

初期活动的开展是以主题形式为主，而以空间（邻居）为辅，因为在未入住时去谈空间相近，对大家而言，想象的成分太多，而主题活动则找到居民的兴趣，将兴趣一致的人串联起来，大家自然而言便会交流互动，会有说不完的话，活动也便于开展。通过这些活动，向他们灌输社造的理念，改变他们对社区活动的认知，在此过程中，原来完全陌生，甚至在其他小区入住多年仍然陌生的情况，便逐渐改变。活动中也不断培养信任——对未来周围居民的、对信义社造的信任，有了这些才可能开展社团活动。在第一次活动中，便创建了业主的微信群，在不断的活动中增加新的业主，这应是沟通联系的最好形式。

通过在社区内办活动，让居民／业主关系熟络起来，对社造有更多的认识；通过在外办活动、办培训，使他们能更新理念，并建立联系、沟通信息。如此，内与外通过信义社区营造研究中心主持的社造组沟通起来，内外可以不断沟通交流总结。建基在之前睦邻点及睦邻节的推动，嘉定区已有大量社区自组织的萌芽，社区营造型社会组织的进驻进一步培训这些小芽的成长，未来一段时间的主要工作将集中在社造培训班、微公益创投及社区自组织的辅导。

社区营造型社会组织进驻社区后，能为社区自组织的成长、发展提供辅导、陪伴，对社区中众多的处于种子、小苗状态的自组织不断引导，使其变成能够自我服务、自我造血的小树，更多的社区可以积极引入社造型社会组织，为自组织发展提供进一步的指导，使其能更广泛地参与到社区的社会服务、公共事务中来，并参与社区的协商治理。

（二）三方的社造培训

　　建设社区、进行社区营造，凝聚社区意识、激发社区自组织活力是当前中国大陆社区建设的关键内容。为此需要唤起居民的自我发展意识、激发社区自组织活力，同时需要社会有识之士带来理念与知识的更新；企业、政府和社会组织第三部门搭建起良性互动的桥梁，相互信任，以进行最优资源配置，助力社区营造实践。这样的过程需要积极借鉴其他国家和地区成功的社区营造经验，也十分需要培训一批有志于投身社区营造的实务工作者，掌握社区建设的专业知识与技能——知识整合能力、社区融入能力、组织动员能力和团队建设能力。

　　面对新时期的社会需求，通过社区营造培训、长期指导陪伴等方式，培养出能够投身社区社会服务、组织动员能力强、善于沟通分享的专业化社区营造者，形成由政府、社会组织、企业、社区组成的相互信任与合作的共同体，从而推动社区的可持续发展。新形式的培训希望能够将社区自组织、基层政府官员、外来专业社会组织三方联合起来，在同一个三天或五天培训的场景中，学习新的知识，相互交流互动，并将三方分配在同一个小组，根据本社区的优势资源而提出有意义的方案来。在此过程中，社区自组织能更好地培养专业能力、协作能力。基层官员也能深入地了解社区营造的理念、更好地引导社区自组织的成长。外来社会组织则可以凭借其专业能力辅导社区自组织走向更加专业的道路，更好地服务居民，其自身也能了解社区居民的需求和社会组织发展的动向。

（三）公益微创投

协商式社区治理方式的探索在嘉定区方兴未艾，很多社区和公益组织都对此表现出了浓厚的兴趣，希望竭己之力为本社区做出贡献。他们当中，很多组织已经成立多年，具备了丰富的实践经验，也有很多新的好点子，但受现实因素影响，他们缺乏足够的资金去实现或者扩展这些好项目。公益微创投大赛的目的就在于，请他们将自己的项目拿出来比较，通过专家的评审，选出其中有意义且具有可操作性的项目进行资助，帮助他们落实，从社区公益的角度推动社区营造在大陆的发展。

公益创投将风险投资的理念和技术应用到公益领域，资助方不仅对受资助组织提供资金支持，而且邀请社造型社会组织提供培育与辅导，加强社区组织在专业、管理、技术等方面的能力，通过项目化运作的形式，提高公益事业和社会服务的效率，同时促进社区社会组织能力的提升。社区公益微创投是由社区居民主导、为社区公共事务服务的小额公益资本投入。它不同于传统的慈善捐赠，除了资金支持，还强调提供能力建设和技术支持。虽然是微资金，却是大公益。

（四）培育自组织的启示

通过引入社区营造社会组织，三方培训、公益微创投、提供培育与辅导，社区自组织将得到更好的发展。

1.政府应提供导引性资金，有计划地导引社区自组织承担社区内养老、育幼、青少年心理辅导、家庭婚姻咨询、健康、环保等社区服务事项。现今社区自组织大多还是文体娱乐类的群团，有了良好的基础，应该进一步成为社区自我"造血"的力量。

2.社区自组织要能够获得更新的社区营造的理论和实务的经验，并能得到社区工作者和外来专业社会组织的专业支持和指导，在专业能力和实操能力上都能得到提升。专业社会组织取得社会服务外包资金后应该一对一，手把手地培育社区自组织，直接服务社区居民，做"输血"性的工作。

3.通过公益微创投，社区自组织将得到其发展所需的一定资金。在获得这些资金开展一些项目化的运作过程中，要有基于自组织发展的评估体系，重点在于每一个种子自组织能力、自治理能力以及社会服务能力的提升。基于这样的评估提供更多的资金与辅导，使之能够自我"造血"，永续存在，这样才能更好地服务社区居民，社区自组织自身也得以成长。社区营造型社会组织的进驻，能更好地引导社区自组织的萌芽、成长、发展、成熟，在整个过程中，不断为这些种子浇水、施肥、除草，为他们的成长创造更好的条件。

在嘉定区协商式社区治理的进一步发展过程中，应进一步地培育社区自组织，使其能自主地为社区提供服务，主动"造血"，永续存在，并积极参与多元治理主体的协商平台，共商社区公共事务。

第七章

在山西的试验
——弱干预与强干预

杨　团[*]

一　背景介绍

山西永济蒲韩乡村社区位于晋、陕、豫三省交界，东靠中条山，西临黄河滩，覆盖蒲州、韩阳两镇24个行政村43个自然村，有居民6700户2万多人口，区域面积260平方公里，耕地面积8万亩。2004年，在永济市委市政府支持下在市民政局正式登记注册了永济市蒲州

*　　杨团，中国社会科学院社会学研究所研究员、中国社会科学院社会政策研究中心顾问；中国社会科学院研究生院教授、硕士生导师；主要从事社会政策、社区公共服务、农民合作组织和慈善公益等领域的研究，是《当代社会政策研究》（社会政策专业委员会学术年会暨社会政策国际论坛年度论文集2005～2017年）和《中国慈善发展报告》（年度慈善蓝皮书2009～2017年）的主编；是《综合农协：中国"三农"改革突破口》（北京农禾之家咨询服务中心综合农协研究组年度研究报告论文集2013～2017年）的主编、主撰稿人。

镇农民协会。2007 年因政策变化，农民协会变更注册为蒲州镇果品协会，却无法涵盖已经开展多年的工作内容。2008 年，原协会又发起和兴办了有机联合社和几十家合作社，成员范围扩展，形成一个统一核算、分别营运的农民合作组织网络，并以地名将这个合作网络称为蒲韩乡村社区（简称蒲韩协会）。

经多年探索，蒲韩乡村社区在曾经的村小教师、带头人郑冰的带领下，走出了一条完全依靠农民自组织的可持续发展之路。以经济事业支持社会事业，在内部形成信用——供销——科技推广——社区教育文化——社会福利服务的社会组织生态循环之路。2016 年协会的销售收入超过 7000 万元，净盈利超过 300 万元。自 2012 年起，3865 户骨干农户连续 5 年在农业上的增收幅度都达 10%。

协会总干事团队成员主要是当地村民还有县地市青年共 113 人，其中有大中专学历者占比达 70% 多，平均年龄不足 30 岁，是一支本土化、年轻化、专业化的队伍。他们全体拿工资，经费完全来自协会为农服务的收入。自 2012 年始，这里成为非营利社会组织——北京农禾之家咨询服务中心贯彻"禾力计划"的农民培训基地，已为全国培养几百名禾力乡村社区工作者和几十名禾力乡土培训师（杨团、石远成，2014）。

蒲韩协会的经验表明，农民群众中蕴含着极大的组织创造力。综合农协这种新型的社会经济组织本质上就是中国式的乡村社会企业，它拥有一种奇异的创造力和自我修复力，使得这个组织的可支配资源——资产、收入、人才，以及协会内外的各类经济、社会组织，都能在不断更新和自我修复中逐渐长大；同时，协会自身的能力也得到训练与提升。在这种农民集体实践的创造过程中，新的意识、新的观念、新的价值、新的道德、新的伦理、新的制度就迸发出来了。

二 干预过程

笔者是 2005 年年初通过农家女谢丽华知道郑冰的，之后我就主动和她联系，并邀请她参加当年 7 月在南开大学办的首届社会政策国际论坛。我当时代表中国社会科学院社会政策研究中心与南开大学、清华大学、北京大学和北京师范大学的相关机构一起推动社会政策的学术和实践的发展。我利用会议主办者的特权，特邀了两个农民合作组织的领导人参会，其中一个就是郑冰。

之后我带领研究团队到寨子村调研多次。从 2005 年起，一直坚持下来，每年都会去几次。2010 年北京农禾之家咨询中心注册，2011 年我们团队就到蒲韩做了第一期禾力乡村社区工作者培训，并在寨子村建立了北京农禾之家的培训基地。

作为学者，我组织研究团队参与蒲韩这个协会的建设过程，从一开始目的就十分明确，这就是希望通过对蒲韩的长期跟踪，探索中国乡村发展的可行路径。在此之前，我曾自 2002 年年底开始，带领研究团队，在陕西洛川旧县镇做农村社区卫生服务项目。我们帮助农民建立了旧县镇的农民医疗合作社，在县政府支持下，与乡镇卫生院合作建立了乡镇社区卫生服务中心，并在该镇的六个片建立社区卫生服

务站。镇卫生院——社区卫生服务中心——社区卫生服务站——农民
医疗合作社，形成了一个事业单位与农民合作社相结合的格局。这是
一个强干预的例子。一开始的效果非常好，但是后来坚持不下去，失
败了。参与蒲韩乡村社区建设，是略晚于洛川的，鉴于蒲韩的基层乡
建环境和条件远好于洛川，而县市和乡镇的政府条件远差于洛川，所
以我们采取的主要是参与式的弱干预，而不是直接试点的强干预，这
种做法一半出于我们的主观动机——想更好地推动农民自治的组织发
展，一半是出于客观条件的限制——没有政府直接支持，我们难以做
到规划性质的试点。

　　弱干预的做法主要有三种，一是在参与其乡建过程中沟通和讨论；
二是主动构建的项目，并将项目支持转化为事业支持；三是链接外部
重要资源。

（一）乡建过程中的沟通讨论

　　这方面的例子有很多。最突出的是要让这个协会的架构长期维
系，只有维系才能不断改善。2007 年国家施行《农民专业合作社法》，
这要求原蒲州镇农民协会改为专业合作社。而我因洛川试验遇到困
难，于是自 2005 年就开始自觉地向日本、韩国和中国台湾的农协（农
会）学习。当时我已经十分明确专业合作社不是中国的主要出路，东
亚综合农协才是真正可行之路。所以就与郑冰反复谈，一定不要将协
会搞没了，一定不要将现有的体系搞垮了。协会可以改个名称，但要
保留，经济部分可以做合作社，但是要按综合农协的方式统起来做。

后来蒲韩农民协会就改名为蒲韩镇果品协会，而且将会员按照村组织了 28 个合作社，后来又成立了联合社，形成用联合社统筹经济业务，用协会统筹社会业务的综合农协的基本格局。

我们将蒲韩协会看作自己的紧密合作伙伴。两个团队——北京的研究团队和蒲韩协会的工作团队经常联系，我们经常去，他们经常来。每次我们到蒲韩，都要求她们先说说有什么新发展，带我们去看。我们努力鼓励她们每一项新的创造。蒲韩的各类组织如红娘手工艺中心、农民技术学校、不倒翁学堂、蒙学堂等，我们都去过多次，看到有所改变的新的细节，指出来鼓励，看到有些还可以再规范的，例如会员档案、组织架构图等，也当即指出。遇到协会的周例会、月总结，我们向所有到会的农民表达我们的支持他们的意愿。每每讲道："你们正在做着中国乡村伟大的创造事业，这就是中国式的综合农协。"久而久之，蒲韩的骨干我们认识了一大半，而蒲韩总干事团队的成员和一部分村民，也都认得我们了。

但在讨论中，我也有过困惑，这时候我常常是个倾听者，而且就一个问题多次反复地思考和询问，所以，与其说是弱干预，帮助蒲韩协会，还不如说是我在向他们学习的过程中自己得到了新知，这成了我的一种学习方法。例如，2005 年我刚认识郑冰的时候，她最得意的就是"千亩生态园"的项目，这是她提出来的，将寨子村 800 多亩农民的承包地由协会流转过来，由协会统一雇工、统一规划种果树。这事一开始我就在统一雇工上有犹豫。郑冰告诉我，这是因为很多农民技术不行，地种得不好，要找会种地的能手，集中起来让他们来种地，成果给大家分配。而且，她用参与式方式，说服了农民，还将与农民的协议订为三年后结了果实卖出去后再分红。这其实很不容易，要说服农民等三年。我当时只是从理论上知道人民公社的集中生产是失败的，因为很难监督，小农户自己生产才能精心，而且日本、韩国和中国台湾的农协都不是集中生产，而是集中服务。但是我没有任何经验，郑冰又言之凿凿，我就没有将这些想法直接讲出来，而是由此十分关注这个项目的进展，问过很多直接参加这个项目的蒲韩工作人员。他们告诉我，项目开始还行，问题出在协会雇工的种地能手在地里磨洋工被承包户（他们成了监督者）看见，加之分红要三年，承包户等不了，于是自己在果树行距中套种辣椒等，打算收了好卖钱。但是地已经交给协会经营了，协会不能允许这样做，这就发生了矛盾。矛盾由几个人挑起来，说协会没照顾农民利益。这导致协会不得不讨论怎么办。最后，郑冰下决心停止项目执行，将经营的土地全部返回给农民，不要任何补偿，协会购买的果树苗全部送给了农民。项目停止，协会的损失很大，经营一年多的各种成本包括人工成本全部得自己消化。但是为了获得农民的信任，协会毅然决然地就这样做了，之后还帮助果农学习果树栽培技术。

3年后果树结果了，农民收入劲增，大家都感谢协会有远见。是的，这个结果印证了我的理性认识。而我同时感受到，农民与我的认识过程的程序是相反的。农民的认识是从感性到理性，没有感性认识难以上升到理性，而上升到理性也需要一个过程。协会的一批骨干包括郑冰在内是在此之后又经过若干年才对此有清晰的认识，进而懂得了协会一定要服务第一。又过了几年，郑冰告诉我，她们与香港迈斯公司合作种棉花，对方全部收购——种多少收多少，所以正与农民签协议，由协会提供种子、肥料、技术指导等五统一的多项服务，每项服务按成本收费。当时还没有"土地托管"这个词，郑冰说"我们是土地流转"，我告知"我以为不是，可能称为土地合作更为合适"。

现在已经看得很清楚了。早期千亩生态园做的是土地流转，后来棉田做的是土地托管。最近，蒲韩又提出生态大树的计划。这是协会直接付钱给农民，将流转的土地种上树，准备几年之后将经营权有偿向永济运城消费合作社的城市社员推销。这是蒲韩协会的又一次大胆尝试。在蒲韩协会的这些尝试中，我一直是作为观察者而非干预者，而且在我没有把握时只观察不发言。

蒲韩协会与千亩生态园相关的还有一个庞大构想，时间也是在2005～2006年。郑冰提出，我们寨子村靠黄河滩，黄河滩有很多荒地，土质不怎么好。而我们村的居住地土质好。我们要在黄河滩上建新寨子村，将脚下的土地转为耕地。这样一置换，村子就可以重新规划，土地的收入也就更多，大家的日子就过好了。郑冰还给我看了农民自己做的新村规划图，有不少公共设施，有活动中心——老人、儿童的都有。这是一个庞大的计划，看着很不错，但是钱从哪里来？郑冰说各户自己出，要先有带头的，公共设施当然要靠协会赚了钱来做。这个项目今天看来就是农民想自己启动的新村计划。我知道后一是振奋，二是心中咄咄。这样的宏大设想，要依靠农民自己的认同和经济财力做迁村运动，能行吗？我将疑虑告知郑冰，她说，不一定全村都迁走，凭自愿。她还告诉我在黄河滩已经有人盖了小房子住在那里了。老年人还乐意在那里养老，守着果树、庄稼，我也去看了。我告诉郑冰，日本、韩国和中国台湾的农协农会都有自己的办公楼、超市、企业，很多属于集体的设施和资产，蒲韩协会将来有了钱，要不要给自己也置办这些？郑冰笑而不答。大约在 2010 年以后，蒲韩协会用每年 2000 元的低廉价格租下了韩阳镇下寺村的一所空置的小学做培训用。这让我眼前一亮，如此利用当然最好，就开始鼓励蒲韩协会可以照这样做。之后蒲韩协会就这样用很少的钱租了农民的空置房屋做办公用房和活动空间，于是，各村各处到处都有蒲韩协会的分店和网点了，这让十里八乡的农民都知道有蒲韩协会在帮助他们了，等于做了不花钱的宣传。直到 2011 年，蒲韩协会在村口利用旧建筑改建了一所两层房屋，成为机构的中心之一，花了不多的钱，形成了楼下食堂、楼上会堂的格局，算是有了自己的家业。

于是我悟出了一个道理，蒲韩协会和日本、韩国和中国台湾虽然同做农协，但是时代不同、条件不同，做法应该也不同。在农业农村大转型、城镇化成主流、农业人口快速"脱农入城"的中国背景下做农协，乡村大量的空置房屋完全应该充分利用，这才物尽其用，而且对农协、农民和村庄可收到三赢的效果。农协是农民自组织的，必须按照自己的经济实力来考虑设施建设。经历了几年的磨砺，怀揣"迁村"宏大理想的郑冰能够真正从实际出发了。后来，能租不买，能买不盖成了协会设施建设的原则。一些农民原本想不收钱借给协会，协会不但给了租金还按住户要求给留房，住户很满意。

往来的农民和城里的客人待在农家小院里很惬意，也都满意。各村的村委会有了这些公共设施，人流增加，活力增加，自然也满意。还有的村委会主动要求蒲韩协会到村里去帮助做垃圾处理、老人和儿童服务。

2013 年蒲韩协会在永济和运城花钱买下房屋做消费店，虽然开始看着成本不小，不过几年下来，以蒲韩协会的入户方式在城市发展了8000 多市民做消费店会员，建立了城乡联动的网络体系，投入产出的效益是不错的。

蒲韩协会以分散化的租用网点来维系业务，不仅低成本，而且用郑冰的话说，还避免了"扎堆凑热闹"。此外，我以为分散办公对乡村的农协还有特殊的增加集体社会资本（见下文）的作用。这些拿工资的农民，我们称为乡工的社区工作者们，或走路或骑单车，天天在不同的乡村院落办公地来回穿梭，这种分散化办公方式正好与城市机关和企业大楼集中办公方式相向而行，充分体现了乡里空间与城市空间的不同特点，这让十分刻板的朝九晚五的企业和机关化的办公变得很通人性。况且，蒲韩协会的乡工们都是自行安排工作时间的。每天早晨开晨会，部门有周会，协会每月有月例会，这三个会都要参加，其他的时间都可以按照各自的工作由自己安排，还可以兼顾家里和地里的活儿。到了农忙，大家都回家干活儿。蒲韩协会管理的这种灵活性，也是日本、韩国和中国台湾农协没有的。

蒲韩协会的组织管理其实是在很长时间内逐渐完善的。早期主要是郑冰管理几个运城农大毕业的大专生，她们分兵把口，做农资店经营，还有一个做秘书。其他参与工作的农民都是志愿者，没有工资。2007～2008年，开始有了一批青年人进来，经营扩大。2011年以后，农协的经营开始打平，管理上的需求提升。在管理层级、部门分列、人员岗位、骨干任用等方面，蒲韩协会坚持不懈地探索，并且经常调整，自2017年年初才相对稳定下来。这种探索的经验很值得总结。

比如，蒲韩协会很早就建立了辅导员制度。这是我们研究组认为中国农协超越日本、韩国和中国台湾的农协的最具创造力的制度。辅导员每人包户200户，天天入户到家了解农户的需求，对农户家庭的动态需求了解得一清二楚，这就将农资和消费品的团购团销，农产品的销售还有土地托管、小额贷款的需求调研等9项业务全由这一个口子进出了。（杨团、石远成，2013，2014）而随着蒲韩协会的发展，辅导员从最早的一代乡工已经置换为第三代人了。这些年轻的大学生们与老辅导员相比，有长有短。蒲韩为此做出人力搭配的调整，给每个村安排2～3名辅导员，做交叉服务，在信息传递中可相互补充。辅导员制度后来又发展为三类：入家户的叫作综合业务辅导员，专门管理生产信息的是城乡互动辅导员，还有管理永济运城8000多户市民需求的是城市辅导员。辅导员成了直接密切联系农户生产者和城市消费者的第一岗位。

对蒲韩协会的长期观察，让我惊叹中国农民自组织的能力、智慧和创造力，几乎每次去都会看到新的创造冒出头，这督促我们的研究也要与时俱进。

（二）主动构建项目

在这方面，我们的思路一直很明确：项目是一时的，事业是长远的，做项目是为了给事业以支持，要将项目过程形成支持事业的一种机制。2009年，我们利用外部资源，将一个社区老年服务的调研项目引入蒲韩，这为他们后来做老年服务奠定了最初的资料基础。2012年到2015年，我们自行设计了为培养本土人才的乡村社区工作者的培训项目，起名为"禾力计划"。这个项目的开发是因为看到了目前农村一方面缺人才，一方面有很多乡村本土人才的潜力没能发掘出来。如果能为他们提供专业培训，可在较短时间内形成较有规模的农村的人力资源队伍，对于乡村建设和农民素质的提升都有很大的益处。

这个项目在香港施永青基金、招商慈善基金会的资助下，至2015年9月在寨子村的农禾培训基地完成了六期培训。在项目支持下，基本完成了课程开发，尤其是形成了由蒲韩的本土农民授课的师资队伍，培育了有实际工作经验的一批"乡土培训师"，形成了乡村社区工作者培养体系。

通过这个项目在寨子村基地的实践，形成了"禾力乡工"的培训品牌，从而为从项目支持过渡到事业支持打下基础。5年来蒲韩协会总干事团队的43名骨干都参加了乡工培训。农禾之家还从这些乡工中培养出13名乡土培训师。她（他）们从只知道做但不会讲、只能会下说但一上课堂就发慌，到侃侃而谈，能够从经验中提炼，还会自己做PPT。这种变化实在太大了。这也大大提升了他们的能力和自信。同时，这些乡土培训师已经被请到各地讲课，成为中国乡村培训中一支绝无仅有的农民讲师团队伍。他们为全国各地的农民做了多次培训。农禾之家的这个项目也得到很多公益组织的认可，并获得北京市政府购买社会管理项目支持，至 2017 年 4 月，累计完成 12 期培训，培养了乡工学员 380 多名。这些学员绝大部分来自农村基层，主要来自农民合作社。农禾之家现在已经有 230 多家会员组织，跨 24 个省，形成了典范基地、种子学员、品牌项目和金牌课程的完整体系（孙炳耀，2016）。

禾力乡工是一个完整的人才培育计划。不过，对于蒲韩协会我认为这还属于弱干预，因为我们是共同合作方，得到蒲韩协会的支持和允许，而且课程也都是共同开发的。但对于接受培训的全国的农民合作组织，我以为是从规划、组织、培训到陪伴的强干预。

（三）链接外部资源

我们发现影响蒲韩协会发展的一个重要难题，就是资金互助的资金来源问题。蒲韩农民不是没有资金，也不是不愿意拿出来成立资金互助部，在做农资购销中已经有过农民将自己的闲置资金主动放在购销部，同意给缺乏资金的农户做周转用。但是当地有些村庄自行做小额贷款出了卷款跑路的事情，政府不同意农民拿钱出来做资金互助，若做了就是"非法集资"。为了规避"非法集资"，我们研究组主动与香港施永青基金联系，请他们帮助支持，借贷给蒲韩协会，蒲韩协会还了借贷利息之后还能有剩余，可用于支持总干事团队的一部分工资。这个借贷由于资金外来，政府很欢迎，所以没有制度障碍。这个链接的成功，是出于施永青基金对农村项目的一贯支持和对蒲韩协会考察后建立的相互信任，而我们研究组充当了介绍和协调的角色。由于我们和两边都有非常良好的信任关系，所以这件事不但做成了，而且可持续。蒲韩协会从中得到的，不仅仅是从香港施永青基金借来的大额资金，从而能够很好地服务于农民、满足社区农民对资金借贷的需要，而且还在这几年的过程中，得到了施永青基金在管理方面的训练。蒲韩协会的财会团队一是得益于禾力计划的培训支持，二是施永青基金关于贷款和资金规范化管理的培育，自2012年以来，蒲韩协会借贷的几千万资金中没有一笔坏账，账目也没有大问题。这不能不说在乡村农民合作组织自办的信用部中是上乘的效益。

但是在我们的相互合作中，曾有过由于我的失误，没能将好事办好的例子。

这个事情发生在2013年春夏之交。我将蒲韩协会的成绩写了一个简报（杨团，2013）。这份简报登在发改委的改革内参上，被山西省省委第一书记看到了。他马上批示让省社科院去考察。这当然是好事。蒲韩协会立即将省社科院要来考察的消息告诉我，但是我当时不敏感，只是说好事情，好好接待，我自己没有跟去。结果考察团从运城市到永济市（县）再到蒲州镇，访问了各级政府，得到信息是，这个组织有非法集资现象，而且到现在还挂着农民协会的牌子，连组织的合法性都成问题。等我知道评价不好赶去寨子村时，他们已经离开了。我就电话要求直接到省社科院和他们再做讨论，遭到拒绝。他们派了一个人到寨子村，与我和国家行政学院的张孝德教授一起座谈。来人告知省院调查的情况，我和郑冰等对其一一做了解释。但对方说我们给山西省委的报告已经写好了，蒲韩协会这个组织需要整顿，显然完全没有可能再有改变了。

蒲韩协会连夜开了会，把所有所谓不规范称呼的牌匾，包括农民协会、蒲韩社区，一夜之间全部下架。第二天早晨，全部换上登记注册的合作社、联合社的牌子。而山西省社科院的报告报到省委，一直没有一个字的批示。这件事拖了半年多，才因为没有上级的批示让事态缓和下来。事后郑冰告诉我，这是她感到压力最大、最难的半年。当时山西省委的态度至为关键，各级都等着省委批示，批示一下来就会采取动作，所以我也想办法立即将实际情况上报并且奏效了。这件事对蒲韩协会而言已经属于危机处理，对于我们，也完全超出了弱干预的范围，或者说是从弱干预演变成强干预了。不过，事后总结，我以为问题出在我这里。面对乡村各个不同主体间的复杂矛盾和貌似混沌实则冲突的状况，我看得过于简单，直线思维，从好处想得多，没能客观地估计可能发生的各种状况。虽然事后补救了，但是失去了一个原本可能让政府了解和肯定蒲韩社区的重要机会。当然，我也发现，我对于社科界研究人员水准的认识也过于乐观了。这件事给了我很深刻的教训。我们这些学者，要想真正对农民组织有帮助，不帮倒忙，真不是单凭良好愿望就能实现的。所以我们也需要不断调试自己，不断寻找真正能够帮到农民组织的最佳手段。

三　关于强干预和弱干预的探讨

我将我带领的社会政策研究中心的乡村试验团队归入行动社会学派，而且是从"行动"概念转换到"实践"概念，引入"社会改造"面向的接地气的行动社会学派。

对于图海纳《社会的生产》（*Production de la societe*，1973）中形成的行动社会学的研究方法，即社会学干预的四项原则我一直很有兴趣。认为很能适合我们这个乡村社区试验团队的情况，即①与社会运动本身建立面对面的直接接触；②超越意识形态话语；③将运动置放在一个情景中，通过与运动双方对话，凸显所争夺的社会和文化目标（social and culturalstakes）；以及④研究者的两种功能：激励者和秘书，他们将对行动者的观察和理解转化为社会行动理论范畴，以增强行动者的能力（Touraine et al.，1981：143–145）。

而图海纳把"社会行动"理解为"社会自身的某种历史质"（historicity）的体现，让我不禁将其与布罗代尔的历史时段说相比较，以求理解其中的深意。图海纳所言的"'历史质'即社会根据其文化模式，经由冲突和社会运动来构建其自身实践的能力"（Touraine et al.，1988：3）。布罗代尔的时段史说，把历史的时间分为地理时间、社会时间和个体时间，分别对应长时段、中时段和短时段。历史的社会时间为中时段历史，它是"局势"分析的场所，是"群体与团体的历史"。这

协商自治·社区治理 学者参与社区实验的案例

个居中的"三"受到来自两端的"一"和"二"，即长时段和短时段历史的影响，即社会的"局势"的演变史既受到历史发展中几乎察觉不到变化却又一直存在的"结构"的影响（长时段），也受到事件史即个体时间（短时段）的影响。

我们所做的社会学干预，就属于中时段的历史范畴。干预的目的，是实现"从社会到社会行动"的过渡，而这个社会行动，具体到蒲韩案例，就是支持、帮助在地的"姓农""务农"的农民合作组织提升自己"为农"的能力。也就是我们支持蒲韩乡村社区的在地行动者们所进行的农民合作组织的社会生产。①

沈原在探讨图海纳的"社会的生产"时，对其社会学干预的方法做出了新的调整和发展。他提出了弱干预和强干预的新概念。"弱干预"是"对社会自组织机制发育明显的群体，可以大致按照图海纳学派的方法和程序进行工作"，当然也要"有所调整、突破和创新"。"强干预"是对那些"社会自组织机制发育缓慢的群体"，需要"探求新的方式，加大力度，甚至设法将某些理念直接灌输进去，促成其自主性的发育"。"强干预"的目标"不只限于社会学知识的生产，而且还尝试对社会本身进行改造，尝试改善行动者的工作和生活环境本

---

① 这里所言的社会生产不是图海纳所谓"社会的生产"。他当时面对的问题是西方社会在历经世界大战、法西斯暴政等众多劫难之后，究竟如何维持和再生产。中国的社会的生产是从"转型问题"的角度提出的，是指社会生活的自组织机制在受到长期压抑后，在仍然欠缺某些基本前提的条件下，是否能够被再生产出来。（沈原，2006）

身"。"强干预"需设计带有相当针对性的项目，"将之嵌入行动者自身的生活世界之内（而不是剥离行动者与其生活世界的关系），通过持续的干预活动促成其变化"，"在中国转型条件下，最为重要的就是，我们力图将社会改造的面向与社会认知的面向有机结合起来……这本来也不是两个分裂的过程。社会认知寓于社会改造之中"。（沈原，2006）

我赞同沈原的观点，甚至可以用我们研究团队的实践来证明中国的转型时期的社会学干预的确存在强、弱两种不同形式。十几年来，我们一共做过4个县镇的社会实验。三个都是强干预，其中的两个最终结果是失败的。还有最近做的河北内丘金店镇新农村综合发展合作协会。2015年9月刚开始，不过一年多，借助国家关于深化供销社综合改革的文件精神，借力使力，目前看效果不错，不仅县党委政府决定将其推广到全县，邢台地委也发文要求全地区推广。但是时间太短，不能就断定会成功。目前还有很多棘手问题。这个案例留待今后的适当时机再做讨论。

实际上，我以为我们团队的四个试点中，最成功的是蒲韩社区，而在这里实施的，总体而言并不是强干预而是弱干预。

蒲韩协会这个社区组织的自治性很强，郑冰这个农村领袖的个人能力也极强，这是我们之所以采用弱干预的重要原因。所谓弱干预，就是作为研究者，不直接参与行动者的决策，而是对其行动抱着积极态度去观察和理解，同时对看到的问题给予必要的建议，但是绝不强调要求其接受。更多起到激励作用并且帮助做些制度化的归纳和整理。这也就是图特纳所提出的"激励者和秘书"的角色。

不过，从蒲韩协会的实践中，我们发现，即便自治性很强、领导人能力很强的组织，由于地处中国这样的强政府、弱社会的环境，经常会遇到政府强干预的情况，甚至一些不错的农民组织就是在政府强干预之下变性，去自治性，添行政性，去合作性，添独断性。在这些组织遇到重要考验的时候，如果我们能够予以支持，有时候是能起到决定性作用的。这时候，我们就要将自己的激励者和秘书角色转化为鼎力支撑的强干预角色。所以，弱干预和强干预之间是会转化的，转化的条件就是农民组织是否遇到他们难以克服的来自政府或资本的强干预难题。

前面讲的是应对政府的强干预，下面再讲一个应对资本的强干预的例子。

蒲韩协会曾经在 2009 年与一个公司签约做小额贷款。对方出贷款的全部资本几千万，聘蒲韩协会的十几个妇女骨干做公司的信贷员，发工资。这十几个人三年在当地放款约一个亿，只有一两笔逾期未还款。这比尤努斯的农民银行效率还要高出不少。而那个机构贷款利率高达 21%，所付出的人工成本很低，也没有给蒲韩协会任何利益，利润都被公司赚走了。

我曾问郑冰为什么要这样做？当时来蒲韩考察的全国各地的农民组织也提出同样的问题。郑冰说，我只是想尝试给农民贷款不用抵押行不行，还有，农民能不能有还款信用。大约一年后，她就通过王变娥找到我说，我们已经试出来了，农民的信用很好，不用抵押也能还款，但是现在这种合作方式，协会除了个人得工资，集体没有得到任何利益。也告诉我说，虽然公司口头说要给协会利益，但是合同里没写，实际上也没给。还有，合同并不是与协会签订，而是和每个个人签订的。面对这种明显的以金融资本剥夺社会资本红利的问题，蒲韩协会真是有苦说不出，只能三年到期终止合同。在这件事情上，我们看得很清楚，也下了决心，以强干预应对强干预，我们不仅帮助蒲韩找真正能合作的机构贷款，而且组织了专业力量写出了有分量的研究报告（王小鲁、姜斯栋、崔鹤鸣，2015）正式出版。

有人说，土地得租金、资本得利润、劳动拿工资，天经地义，对蒲韩协会的处理没有什么不对。而蒲韩协会说，协会和农民相知多年，彼此熟悉，才能有这样的效益，协会应该分到一部分利润。这个朴素的说法中含有真理，即带来红利的不仅有金融资本，还有社会资本，更准确地说是集体社会资本——一个组织所拥有的社会资本。

集体社会资本这个概念来自欧美。早期研究者在考察微观层次的社会资本时，一般都是将社会资本视为一种蕴藏于个人网络之中的财富。但自从科尔曼指出社会资本乃是一种社会的结构性资源后，越来越多的研究者开始注意到社会资本的集体层面，即不仅将社会资本视为一种个人拥有的资源，而且将其视为一个组织、一个社区甚至是整个社会所拥有的资源和财富。（罗家德、赵延东，2005：117）

"集体社会资本可以从三个结构面来衡量：信任、连接以及网络结构。"蒲韩协会这个集体在工作人员之间、工作人员与农户之间、农户与农户之间都建立了相互信任的关系，而且这还是一种"积极情感"的人际间联系。它可以"导致两种属性：对同事的信任和对制度的信任"（罗家德、赵延东，2005：118）。而信任是一种有助于"使人们在全体或组织中为共同目标而团结合作"的因素（FuKuyama 1996：10）。正是这种信任导致了个人和集体的连接，即"个人明确集体目标"，并且拥有"为达到集体目标而共同努力的意愿和能力"（Leana and Van Buren 1999：542）。蒲韩的 3865 位骨干会员分散在 43 个村，分别由 18 个辅导员每天入户联系，可以说形成了去中心化且大密度的网络——经常交换信息和资源的网络结构。

蒲韩协会正是充分运用了这种组织化的集体性社会资本，才为集体带来了各种经济的和社会的利益。所以，某机构只承认自己的金融资本得红利，不承认集体社会资本也具有营利能力，不愿意给蒲韩协会分红，是导致双方合同无法继续的根本原因。当蒲韩协会的人员撤出后，这个机构的贷款回收情况一落千丈，原来赚得的利润几乎全都填了后来的亏空，这让该机构不得不最终退出蒲韩。事实证明，农民真正认可的，是蒲韩协会信贷员的服务，拥戴的是协会这个集体，换了其他的集体，农民就不予配合了。可见，集体社会资本确有价值。这个案例中，其价值就可以用置换机构后的损失量来度量。

在这个事件上，我们从学者和 NGO 这两个角度尽其所能地帮扶蒲韩，应该属于强干预。

前述 2011 年我们在蒲韩建立农禾之家培训基地，设计并实施了"禾力乡工"计划，在蒲韩培育全国农民合作的骨干人才，对于全国农民合作组织而言，也应该属于强干预。

不过，这两种强干预还有所不同。第一种是面对社会不公，外来资本占有农民集体社会资本应获得的利益，我们是为求得社会公正，代表社会中坚力量而干预。第二种，则是"探求新的方式，加大力度，甚至设法将某些理念直接灌输进去，促成其自主性的发育"的强干预。

这两种强干预都"不只限于社会学知识的生产，而且还尝试对社会本身进行改造，尝试改善行动者的工作和生活环境本身"，都"将社会改造的面向与社会认知的面向有机结合起来"了。（沈原，2006）

四　余论——社区治理的启示

我们研究组与蒲韩协会的关系，我以为更加准确的概念描述还不是社会学干预，而是社会陪伴。

我们和蒲韩协会是平等的伙伴关系，而不是我们比他们知识更多、能力更强、水平更高。相反，在更多的时间、场合、事件中，常常是蒲韩协会的郑冰们比我们知识更多、能力更强、水平更高。在长达十多年的社会陪伴过程中，我们的最重要的收获就是，我们并不比农民高明，即便做强干预，也是更多利用我们有而农民没有的资源，是以我们的能力和资源协助农民抗衡来自政府或者资本的强干预。我们的这个强干预的性质属于对朋友的支持，干预的对象并不是蒲韩，而是我们与蒲韩站在一起，加强其力量共同对外的强干预。

其次，无论强干预还是弱干预，其根本点在于思想认知决定行动导向。而行动的结果，即实践又要回馈给思想。思想——行动——实践——思想，这是学者不同于行动者的地方。所以，经常思考，反复推敲自己认定的概念、内涵和方法，是我们必做和经常做的功课。尤其在转型时期，客观环境条件异常复杂的情况下，我们更需要缜密和反复地思考，并做出最适当的选择。

还有一点不成熟的认识，这就是如何测度蒲韩协会和一批中国优秀农民组织的集体社会资本。

西方测量集体社会资本与个人社会资本的指标差异是很大的。因为他是私人财货和公共财货的不同表现。（罗家德、赵延东，2005：120）目前，西方学者度量集体社会资本是从个人出发，个人对其他成员的态度以及群体中的共有规范成为研究重点。而中国的集体或者说“公”的概念与西方、与日本都有不同，所以，如何测度中国的集体社会资本是需要研究的。

日本著名的中国史专家沟口雄三，曾在《作为方法的中国》一书中这样写道："中国的'公'是'关系的共同'，而在关系中包含了'私'。中国的'私'都把自己投入到'公'，把'私'独自的领域熔融到了公共性里。也就是说，关系的'公'以连接'私'与'私'的方式把'私'包含于内，而从'私'的角度来看，私可以在关系网（公）的内部主张私人参与的部分，但这私人参与的部分始终和其他私人参与的部分联结在一起，因此无法建立一个和公（关系）相割裂的私人独自的领域（自私）。换言之，私由于加入了公反而无法与公分离，获得独立。"（沟口雄三，2011：60-61）这一段话深刻阐释了中国的公不同于西方的伦理原因。中国的公与私难以分开，是社会关系当中公私融合、公中有私、私中有公造成的。中国的集体就是这种公私融合的社会关系，它内在的亲与疏和联系仅从个人对个人的视角去测度是不够的。

从蒲韩案例可以得知，蒲韩协会无论是发放小额贷款还是作为老服务，都饱含协会的成员社群对这个集体的整体性拥戴。蒲韩协会集体的这个"公"是包含了每个成员"私"的公，个体成员由于加入了集体无法与"公"分离，他们不再是独立的"小土豆"，不是装进麻袋但仅仅是相互接触并无结合关系的一袋"土豆"，而是所有"土豆"融为一体的"土豆饼"，所以完全构成新的形态了。

对蒲韩案例的进一步研究，有可能为测度中国的集体社会资本找到新的方法，从中产生新的概念和新的思路。

参考文献：

沟口雄三，2011，《作为方法的中国》，生活·读书·新知三联书店。

罗家德、赵延东，2005，《社会资本的层次及其测量方法》，载李培林、覃方明主编《社会学经验与理论》，社会科学文献出版社，第 100 ~ 142 页。

王小鲁、姜斯栋、崔鹤鸣，2015，《综合性农民合作组织是实现中国农村现代化

的重要组织形式——山西省永济市蒲韩农协调研报告》，载杨团、孙炳耀
等《综合农协中国"三农"改革突破口》2015 卷，中国社会科学出版社，第
285 ~ 306 页。

沈原，2006，《"强干预"与"弱干预"：社会学干预方法的两条途径》，《社会学
研究》2006 年第 5 期。

孙炳耀，2016，《大力推进农村社会工作人才建设》，载杨团、孙炳耀等《综
合农协中国"三农"改革突破口》2016 卷，中国社会科学出版社，第
277 ~ 286 页。

杨团、石远成，2013，《走近山西永济蒲韩乡村社区—— 一个自治的综合性农民
合作组织联合体》，载杨团、孙炳耀等《综合农协中国"三农"改革突破
口》，社会科学文献出版社，第 308 ~ 338 页。

杨团，2013，《不输于日本、韩国和中国台湾农协的蒲韩乡村社区》，《改革内参》
2013 年 5 月 10 日。

杨团、石远成，2014，《山西永济蒲韩乡村社区：农村社区公共服务的新型提供
者》，《中国非营利评论》第 1 期，第 169 ~ 183 页。

Leana, C. R., & Buren, H. J. V. 1999, Organizational Social Capital and Employment
Practices. *Academy of Management Review*, 24（3）, 538–555.

Touraine, A. 1973. Production de la société. Seuil.

Touraine, A., Aronowitz, S., & Godzich, M. 1988. "Return of the Actor: Social
Theory in Postindustrial Society." in Return of the Actor Social Theory in
Postindustrial Society, 137（9）, pp. 2717–2726.

Touraine, A. 1981. "Le Retour de L'acteur." Cahiers Internationaux De Sociologie,

71, pp. 243-255.

Fukuyama, F. 1996. "The Culture of National Security: Norms and Identity in World Politics." by Peter j. Katzenstein. American Political Science Association, 93（4）, 1020.

协商自治·社区治理 | 学者参与社区 实验的案例

第八章

乡村自组织运作过程中的能人现象
——基于云村重建案例

孙　瑜*

一　案例背景

（一）研究缘起与问题

2008 年汶川震后，我随清华大学社会学系罗家德教授进入灾区云村开始参与灾后重建工作。整合多方实力成立了一个团队进入汶川地震灾区的一个村庄，开展区别于"重建就是盖房"的全方位可持续性

*　孙瑜，社会学博士，现为清华大学公益慈善研究院博士后研究员，信义社区营造研究中心执行顾问。长期观察大陆及台湾地区的城乡社区治理、社区营造实践经验，以期总结提炼本土社区治理模式，主要研究方向为社区自组织、社区治理。著有《云村重建纪事—— 一次社区自组织实验的田野记录》（合著）。

云村实验由清华大学社会学系罗家德教授负责，清华大学社科学院信义社区营造研究中心实施。

乡村营造计划。地震打破原本的村庄生活秩序和私人财产的界限。灾后重建，在国家力量介入的同时大量的社会资源也不断涌入，让房屋重建从决定到落实都成为各方利益角力的场域，从中可以窥探到村庄内部治理的特色以及内外部合作的可能与困境所在。云村在灾后接受了来自政府、企业和大量社会组织的关注与帮持，在乡村能人的带领下村民完成了整村房屋重建。

我们认为它可以说是在乡村能人的带领之下，完成的一次整村的房屋重建，并尝试着迈出了村庄合作发展的第一步。之后的第二步是什么样，还有待我们不断地追踪。我们这个社会学实验的基本的理念，就是希望村民可以自我组织、协力合作，以共建家园为参与平台，凝聚村庄自我组织的力量。进而希望他们通过这种合作团体，实现村庄生态、人文、经济可持续发展。尤其在早期，我们就认为，如果这个村庄没有一个经济后驱力的话，其实谈什么都可能是非常苍白的。

（二）社会实验所在村庄介绍

云村虽然是一个相对比较偏远的羌族村庄，但是它的交通条件相对较为便利。它处于九环线（成都到九寨沟环线的简称，是四川一条重要的旅游干线，贯穿四川的部分精品旅游景区）上，从成都到九寨必须要经过这个村庄。目前村子一共有 72 户 300 多人，里面有四大姓氏，这四大姓氏基本上已经占了全村将近 60% 的人口。大家之间的亲缘关系非常紧密。他们就管这种同姓亲叫"家门亲"。同姓亲再相互通婚产生的更多的姻亲关系，就叫"竹根亲"。在村子里，竹根亲的覆盖率是非常高的。而且因为这个地方的人久居山上，和外界的接触比较少，所以村子的传统文化也保持得比较好。

在这个时候，我们要选这个地方作为我们的一个试验点，其中有一个很重要的因素——人。前期的考察，都是罗家德老师在跑点。他在汶川震区需要重建的村庄中找了很多的村子进行实地调研。他在选点的过程中，主要观察的就是基层干部的综合素质，还有村庄里村民的自组织能力是不是有一定的基础。如果村内有严重的派系现象，或者村霸治村的现象等，我们就尽量去回避。

在这个过程中，我们认识了云村的村支书杨书记，他是这个村庄重建过程中非常关键的人物。他从2002年开始任这个村的村支书记，一直到现在他还是在任的。震前他自己做一些小本生意，在地震的时候，很不幸的是，这个村子虽然房屋倒塌了很多，但是只有他和他的长子在地震过程中被砸伤。在政府的安排之下，他们搭了救灾直升机到成都去接受比较好的治疗，在他住院养伤期间，云村村民自发组织到成都看望他，而且大家纷纷表示非常希望他治愈之后，可以带领全村进行重建。所以在这个时候，杨书记内心的精神驱动力也是非常强的。所以在他伤病痊愈之后，就回到云村，卖了自家的私家车，买水泥分给村民，带领大家一起重建家园。另一个方面，他和村上几乎所有的家庭，都多多少少有家门亲、竹根亲等。所以他在村子里的社会关系网络可以说是非常强大而紧密。

二 干预过程

（一）社会组织的介入与赋权

由于有庞大的政府资源加上对民间社会的有效控制，国家充分展现了全能型政府在危机面前强大的政治动员力。同时，政府以爱国主义、对救灾中的先进人物和单位加以表扬的方式，凝聚民众对国家的认同，避免灾难引发更大的政治危机。但是，虽然有强大的国家力量，一视同仁的大规模的补助政策，各地重建成果的还是不一。尤其是在行政系统的底层，因为有许多干部在地震之中丧生导致地方行政系统失灵，不论是重建补助经费的发放或失踪、死亡人数的确定，都出现了失序的现象。民间力量适时弥补了国家能力的不足之处。民间的力量主要展现在人力与物力两个方面。汶川地震之后有大量的志愿者涌入，这些志愿者在第一时间进入灾区进行救援，发挥了很大的作用。NGO 参与能够迅速回应灾民的需求，并使国家改变原本的重建计划，研究证实这些社会组织所采取的行动是灾后重建成功最主要的因素之一。汶川地震之后，因为地方行政系统的紊乱及失灵，国家在《汶川地震灾后恢复重建条例》中首度鼓励民间社团参与灾后的重建工作。但政府对民间力量设下重重限制，使其在有限的范围进行有限的工作，以某社工站为例，就是由政府出钱购买非政府组织的服务，至于 NGO 要做什么样的事，则是看地方干部与 NGO 还有社工站站长之间的协调，有的甚至是在地方政府的指派下协助地方进行观光产业

协商自治·社区治理 学者参与社区 实验的案例

的规划。即使如此，社会组织发挥了许多令人意想不到的作用。

回顾非政府组织在灾难之中所扮演的角色，可以发现汶川地震后民间组织的行动效率令人"惊艳"。地震发生当天，中国扶贫基金会就与新浪网共同发起汶川地震紧急救援行动的募款，并发布倡议书，呼吁民众全力救助灾区。隔天南都公益基金会随即发表《中国民间组织抗震救灾行动联合声明》，有 165 家 NGO 响应加入。此外，四川灾区也陆陆续续有 NGO 成立，更有大批未经组织的志愿者在第一线进行灾民救助工作。根据统计，到地震灾区工作的志愿者约有 500 万人次。为了彼此之间的沟通、协调及合作，类似"五·一二"民间救灾服务中心、NGO 备灾中心之类的 NGO 服务平台也相继成立，这也让整个灾难之后的 NGO 发展有了跨地域、跨领域与自主性的特征。NGO 救灾的意义在于有些资源可以不通过政府直接发到灾民之手，而大量的志愿者也可以在 NGO 的组织及安排下和灾民进行接触，参加从灾后的紧急救援、过渡安置再到灾后重建集工作，协助灾民恢复生活。相较于政府的有关单位为了达成行政命令而有时忽略灾区民众的实际需求的情况，NGO 更能够理解灾民的身心需求，并借由专业的技能提供各式各样的服务。同样是永久房的重建，不同的需求在政府"统归统建"的大方针下遭到忽略，却有可能因为 NGO 的介入，而产生不一样的重建结果。当 NGO 与灾民之间的信任建立起来后，灾民更愿意将自己的需求透过协力组织或厂商表达，有些 NGO 成为政府与灾民之间的沟通管道并获得各方肯定。汶川地震对我国民间社会的影响就在于 NGO 的理念与想法进一步获得社会的认可，而这也更加有助于培植农村社区内的组织建房等行动。

"5·12"汶川地震发生后，在南都基金会的支持下，清华大学的几位学者专家成立了清华大学可持续性乡村重建团队，由罗家德教授主持相关事宜。这几位学者成立这个重建团队的目的在于希望整合多方社会力量进入灾区，开展区别于"重建就是盖房"的全方位可持续性重建。重建团队在南都基金会"5·12灾后重建资助项目"启动后的第一时间便提交了"可持续性乡村重建试点计划"，项目得到基金会理事会的审议通过后，重建团队取得了相关运作经费，支持了团队在灾区的各个地区展开考察，建筑示范点将采用轻钢技术修建四幢羌族传统风格的示范性建筑，目的是要保存羌族建筑的风格与形式，展示和推广用轻钢技术修建传统羌居的可行性，给重建工作提供传统风貌与现代技术相结合的建筑样板。这样让灾民不仅可以早日重建家园，而且生活环境的复原，会有益于羌族文化风俗的延续和保护。同期，重建团队推动了"云村整村重建计划"，开始作为外部辅导团队进驻云村。重建团队将清华大学建筑学院、台湾的谢英俊建筑师以及绵阳市正轩文化交流中心拉入计划，请他们为云村重建进行房屋设计和施工指导；同时重建团队促成南都基金会和欧特克软件有限公司为云村重建的房屋材料提供资金支持；并吸引各个社会领域的多名志愿者参与。在多方合力下，团队解决了灾区介入、运作经费等问题，整理出一套可持续性重建方案付诸实施。云村在灾后接受了谢英俊建筑设计工作室赠予的绿色农房技术支持以及来自企业和社会团体的捐助资金。

（二）云村重建的序幕

自 1933 年起，云村这个羌族村寨的村民就开始逐渐由高山向山下迁居，在汶川地震之后部分民居所在的半山位置发现存在地质隐患，这也促使村民不得不考虑继续下迁。当时政府对该地区并没有下达行政命令规定重建方式，鼓励就地恢复与异地新建相结合，每个地方因地制宜。

2008 年 9 月 23 日，罗家德教授一行人到达云村后，在村支书的组织动员下将村民全部召集起来，向他们介绍绿色轻钢住房的特性，告知村民云村的整村重建计划，原本计划向每户提供 15000 元的材料费，但这个钱不够买所有的轻钢架费用，经过详细核算发现还差 13000 元。在地震之前云村村民每户年经济作物收入不过 2000 元，但是村民表现出很大热忱，49 户村民同意参加计划。不过，这笔差价对村民来说是很大的负担，但这确实使清华重建团队感受到了村民迫切希望通过重建改善居住环境的对"好"房子的期待，于是加强社会募款力度，最后决定提供给村民完全免费的轻钢架。这时又有 6 户村民加入了这个计划，因此共 55 户村民加入重建计划。云村还有其余 14 户未加入，一部分是家庭困难实在没有能力搬下山来再修一栋房子，其中一户村民就表示"我们搬不起，没有钱，也没有劳力，娃娃又不管我们"，因此选择继续留在半山的老寨；还有一部分就是村里较富的，因为前两年已经在近山脚处盖了新房且居住质量较好，而村内规定如果要加入重建计划的话需要将已有房屋完全拆除才能获得新建房屋的所有资助资源，因此这部分的村民不想重盖。"我们的房子基本上还是可以，没有打算这样（推倒重建）"，"当时我们说也在沙坝修钢架房，村干部说你们要修钢架房的话，你们现在这边的房子就要推了再在那边去建，我们就不愿意"。

全村在前后共召开了 4 次的村民大会后，最终决定云村将在山脚下的河谷地区进行由大部分村民参与的异地重建，全村 72 户，有 55 户家庭达成共识，希望可以参与到云村重建计划当中。每户在国家相关震后补贴政策外，另获得市价约 3 万元的钢材。继而村支书开始向政府申请其他具体政策支持。而后，外部支持团队进入云村主要协助村民达成合作，并扮演村庄与外部资源间的桥梁的角色。

（三）村民自组织重建的过程回顾

我们营造的第一步当然就是要把房子给大家建起来，采用了一套叫轻钢生态房的建筑构法。这套绿色农房技术通过开放的建造体系来实践"协力造屋"。这套技术可尽可能减少对环境的危害。轻钢生态房屋的结构主体部分使用轻钢、木材，其他部分就地取材，灵活使用草、土、石、竹、木等多样化的自然材料，这些都是绿色建材，并且大部分都可以回收或重复使用，对自然环境污染小，可以大量使用老屋拆下来的旧石料和旧木材，不仅非常环保，还减少了建筑费用，并且也保存了一定的羌族传统建筑风貌。

解决建筑设计之后，我们来看一下村庄内部如何从社会关系层面应对重建。首先是集体行为开展的具体方式，我们将其称为制定操作规则，它直接影响行动者关于以下问题的决策：何时、何地以及如何提取资源单位；谁来监督并如何监督他人的行动；何种信息必须进行交换，而何种不能；对行为和结果的不同组合如何进行奖励或制裁等。公共示范房需村民合力施工，如钢架起架阶段的换工合作，各户进行房屋主体建设时采取的新换工规则以及资源产生缺口时的均分等，这些事件都体现在重建自组织过程中村民们根据行动的发展不断在进行操作规则的调整。集体决策间接影响操作选择，通常由行动者及其公务人员在协商如何管理公共资源时进行。例如房屋材质的选择、规定四连排的房屋屋顶需统一等。

我们也看到了使村庄自治理能够实现的能人现象。在云村重建过程中扮演能人角色的村支书，在完成合作网络的动员之后，又置身于自组织规则的制定与维护。他需要重视"均分"与"人情"之间的平衡，一方面能人要均分资源，以显示公平，获得人心；另一方面，又要考虑人情的重要性。同时，以上因素对自组织内部信任机制的建立起到了重要作用。在这个过程中值得注意的一点是，能人不仅是自组织过程中规则的监督者也是被监督者，不仅是信任的建构者也可能导致信任的破坏。因此做事公平透明对能人来讲是维护网络稳定的关键所在，但当由他牵头进行的建材统一采购出现问题时，云村内部产生诸多流言及抱怨，此时社区内的社会资本下降，重建进入了进展缓慢的瓶颈期。

从传统节庆与丧礼中的行为可以看到云村还保有了"乡规民俗"的力量，也有很强大的监督机制与声誉机制，使每一个人参与其中，分工合作。这一力量在建房换工互助会的早期也运作得不错，看不出曹锦清在《黄河边的中国》里观察到的"中国农民善分不善合"的问题。开始起架的阶段，大家协力做得非常好，家户之间还可以实现有序的换工。但是在 55 户之外，还有一户是我们叫公共示范房的。这个是我们重建团队和村集体签署的一项协议——村集体出让一块土地，重建团队在其上建一所示范房，一方面向村民展示这种建筑构法，另一方面也作为下一阶段村庄可持续发展时期对外展示以及对内凝聚共识的交流空间，重建团队有 20 年的使用期限。这个公共示范房，不属于任何一户村民，因此最后盖的时候，就发现有很多换工的困境。大家没有建设的积极性，甚至出现这栋房子是"村支书为自己多留出的一套"的谣言。再到下一步，开始各家各户自己砌墙的时候，换工和均分规则都保持得比较好。但后期安装楼梯时出现一个尴尬的状况，捐助单位南都基金会的捐助中包含楼梯的费用，但是欧特克公司的捐款中未包含楼梯经费。所以当出现这种分化之后，大家开始对均分规则产生非常大的分歧和不解。我们就是希望通过这个过程，让大家能够了解，乡村社区的自组织过程所呈现的系统问题及动态适应。我们可以看到当新事务一件一件地考验这个换工互助团体，云村村民需将传统乡规民俗转化成新集体行动的操作规则时，似乎力有未逮，十分依赖能人的声誉与中介。

村支书为首的村两委帮助村民集体采购的门窗质量饱受质疑，这次门窗事件折损了村支书的声誉，原本在村支书受"多盖一栋房的谣言"困扰时，出面为村支书背书的外来"能人"——清华团队，也因为合作的工程师团队在村庄内买卖钢网而信任受损。主要都是合作组织中的集体采购出了问题，商业行为一旦介入，"善分不善合"的现象就出现了，解决这类问题的制度创新似乎云村无法提供。自此以后，全村的集体行动接近瓦解了，虽然个别几户或二十几户的小团体合作还自组织地进行，但实际上全村的社会资本却下降了。

重建前期我们鲜见地方政府的影子，而进入重建后期，在以重建成绩进行"十一献礼"的行政命令的催发下，新的外部物资、人力等资源大量注入。村庄重建因此开始加速，但也是自组织渐渐衰弱的开始。先前建立起的换工为主的建房操作规则依然在村庄内部的房屋建设中实施着，但是一系列公共工程大多由外来承包商负责，村内的受益人也是未经集体选择的"少数人"，因此大部分村民对这一轮的选择规则表示了不满，自组织内部的互惠机制也不再以公平均分为准。这期间我们可以看到政府与村民的关系，即使是在自家门口的工程，将来受益者也是自己与村集体，一旦是政府介入了，村民就不把它当自己的事了，所以出工都不再是自组织的，而是商业行为，要求市场价格的回报，报酬低了便有抱怨。但当合同承包商找人时，村民又将"情感性"与"工具性"关系混在一起，认为自家村中的合同工就该村内人作，尤其在承包商是村中的"自己人"却不雇用村内人时，更是骂声一片。相反的，承包到合同的老板反而喜欢"公事公办"，除了少数交情特别好的村民外，他一概不用村内人，避免在商业关系中存在情感性关系、工具性关系混杂不清的情况。市场行为的逻辑和自组织的逻辑刚好相反，前者要情感性关系与工具性关系分隔得越清楚越好，而后者需要人际间的信任。信任往往来自情感性关系、小团体的封闭性以及社群的认同。商业行为此时已从6月初少量的对外雇工，发展到大多数重建工作的劳务交换都是商业性的交易了，对自组织的原则形成沉重的打击。

在政府强力介入的情况下，以村支书为代表的村庄能人就成为村民质疑的众矢之的，村庄内部的信任进一步遭受破坏。自组织如何在政府力量介入村庄自治理事务的同时，内部协调出应对外部资源环境变化的新规则，同时减少政府过度干预与信任破坏，这依然是乡村社区自组织发展的主要挑战。

七八月时，村内下水道、联户路以及村外的河堤建设在村民看来已是政府的公共工程而非村集体的事，所以他们不再以志愿出工和协商合作方式自组织劳动力参与，而让市场力量主导。但到了九月，因为完工的期限十分紧张，此时的轻钢房建设完全变成了政府的事，从各家各户的外墙风貌到小花园的植栽，都是政府请包工队来做，尤其是最后几天，几乎天天24小时地赶工。建房互助换工的情况几乎完全终止。2009年的9月底（请大家注意这个时间），云村新村落成。这个村子现在的状态如图8-1所展示，整个村庄公共设施建成之后，有了一定的装饰。

2009年11月3日，四川省领导到云村视察；2009年12月11日至13日，云村被评为阿坝州（震区汶川所在的州）重建示范村二等奖；2010年2月12日，关于云村重建的新闻报道在央视新闻频道播出。关于云村的新闻报道多了，对于云村的注视也多了。出名的另一

图 8-1 2009 年 9 月云村新村整体样貌
图片来源：清华大学信义社区营造研究中心。

面则是村民等、靠、要的态度变强了，接踵而至的奖项，各地来的考察参观，省、州领导视察，政府的资源注入，各方协会、基金会等社会组织送来的公益捐赠使村民开始相信外部的帮扶就能发展精品旅游，村民的自组织、自治理、自我觉醒及共同分享在重建后的乡村发展建设中好像退居次位了。在外来资源面前，各持利益诉求的村民也可以用外来的权力加以控制。

随着政府的全面介入以及云村受到各界关注，各上级单位来参访时常常会带一些"奖励"给每一户村民，以至于村民希冀得到更多，比如盼着政府会来帮忙盖自家未完成的私房；同时也为了一些"奖励"发放的公平不公平而产生争执。市场力量的介入，政府在一定时间内全面的"接管"，使云村的自组织集体行动几乎完全停摆。

但当回到日常生活时，在相互帮忙照看猪、换工做农活以及婚礼中家家出人帮忙上，"乡规民俗"又发挥着极大的作用，自组织的能力仍然很强。在新的集体行动上，如合作建房、集体办旅游等，云村自我创造制度以推动集体行动的能力受到破坏，但毕竟云村及其附近几个村子间走亲戚的风气很盛，社区内的社会资本还是相当丰富的。

（四）云村自组织进行社区营造

回顾整个重建的过程，金钱和劳力，一直是影响施工、装修进度的主要因素。村民如燕子衔泥一般完成房屋的内部装修，但仍有一部分人家的硬件装修远未结束，有一户人家的卧室甚至还没有装上门。一次性建成的钢架房结构完全相同，外观也基本近似，想了解村民在建房过程中的参与度与个性化程度的高低，只有靠走进各家各户，在那些具体的差别中进行比较才能知道。和建筑师在设计之初想象的一样，云村每家每户都根据自己的实际需求和经济条件在标准化的框架之下对房子进行了个性化的填充，使之适合为自己所用——卧室可大可小，客厅可自由选择里外，厨房可用柴灶也可以完全用电，卫生间大小也可以自己决定。钢网隔墙的材料也由各家各户量体裁衣，唯一不能选择的是墙板厚度，因为工业化生产的轻钢凹槽设定为10厘米，墙体就只能做到10厘米。大部分人家都将一层入口处最大的房间设为堂屋（客厅），摆放着沙发、电视柜和电视，也有人把那里作为餐厅，摆放饭桌。与堂屋相邻的则是卧室，有人隔成两间，有人拉通成

协商自治·社区治理 | 学者参与社区实验的案例

一间；厨房和卫生间的开口也各不相同。由于厕所的标准设计是在一层，而楼梯套装在户外，如有人住在二层或三层的房间，夜间上厕所必须下楼来打开一层的大门，多有不便且互相影响，所以多数人家都在二层晒台的角落加搭出一个小厕所，以便住在楼上的人使用。多数人家的第三层楼仍停留在交工时的一个钢架棚状态。村民下山集中居住后，根据环境管理相关规定不能再饲养牲畜，因此原本设计在底层的牲畜棚被更改用于住人，原本住人的第三层则只好先空置，平日里多用于存放腊肉及一些农事杂物，偶尔也会出借给邻居或亲友在红白喜事时作为宴请的场所。

对于云村，这永远是一个未完的故事，因为生活只要持续，云村的故事就会持续，后面要发生的我们都无法预见，所以这段重建的故事对云村仅仅是一个开始。在新村建设落成后，团队一直在思考如何利用在房屋建造阶段业已形成的良好的社区共同体意识，催发村民在外力的协助下自组织形成社区建设的能动力，实现村民一起承担生活中遇到的各种问题，使得大家通过处理公共事务，生活质量得以提高。鉴于云村的自然及人文资源，为增加村民的经济收入，团队建议云村可以发展羌文化深度体验旅游，向愿意较长时间居住在寨内进行文化深度体验的旅游者开放，排除过境游及短期住宿游客对文化的干扰，锁定长期的以及对羌文化真正感兴趣的游客。我们不断与杨书记和其他村干部沟通，向他们阐述我们的可持续乡村发展的理念，希望对他们的公共事务决策起到参考作用。

成功的社区建设要能运用民众之力，倡导社区中人的总动员。观察台湾社区营造的经验发现，失败的案例中有一个共同的问题就是没有培养出在地人才。没有社区人才、社区精英的参与和领导，无法保障社区发展的可持续性，无法培养当地人对社区的情感和责任。因此，团队一直致力于挖掘云村的乡村精英。这里所要挖掘的能人除了重建阶段发挥重要作用的村干部这类政治能人之外，也希望能够找到更多类型的能人，比如经济能人，还有一些有威望的老人、有见识的年轻人。团队曾推荐村内两位年轻人外出参加公益组织主办的乡村建设培训。其中一位年轻人小罗在2011年决定回乡开展一番社区建设事业，并在村内成立了老人协会，利用村内有长老声誉、有威望的老人进行动员，传承羌文化的同时达到养老关怀的目标，但在实际运作过程中，他深感与村干部之间存在着微妙的村庄权力张力。后因家庭遭遇一些变故，养家的负担较重，他不得不离开村庄，外出工作。同时，我们一直在寻找理念相和的公益组织进入云村进行社区建设陪伴，志愿者胡玉凤就曾在村中和邻近的村子培育羌文化深度游合作社长达七八个月之久。我们始终坚持外力万不可破坏一个家庭一个社区的基本功能，乡村社区建设的外力要让民众培养出参与公共事务的意愿和能力，让他们自己关心家园，经营家园。

至今，已有十余家户具备接待住宿能力，村内建立了一定的分配规则，并多次接待了参观团体、散客，但部分家庭在接待水准、住宿及饭菜卫生条件方面不够标准；在早期很好地发挥了能人作用的一些村中能人，在重建过程当中守持自组织规则，但是在后期发展时，开始有了注重自我的利益倾向，他们在入村的路口合资兴建了一个大型的餐饮酒店，其实这个酒店对村内发展深度观光旅游具有很强的消减作用；另外，在政府的持续关注下，云村成了一个重建的明星村，还是有很多一次性的捐赠资源不断注入。我们在调研和访谈中发现，村民依旧在期待着更多外来资源的投入，常有人说"找个老板，来把我们这个村子给买了吧"，或者说"政府应该对我们有新的想法吧"。村民这种等靠要的心态，不但没有因为自组织建房的过程有所缓解，反而不断加深。

三　理论依据：干预思考

（一）自组织研究架构

地震这种突如其来的破坏性自然灾难打破了原本的村庄生活秩序和私人财产的界限，灾后房屋重建通常包括了村民内部组织、社会资助与大规模的国家行动计划。正因为房屋在灾后重建的重要性，加上灾难的破坏将私人财产赋予公共性质。国家介入的同时大量的社会资源也进入村庄，让房屋重建从决定到落实都成为各方利益角力的场域，从中可以窥视村庄内部治理的特色以及内外部合作的可能与困境所在。云村在灾后接受了来自政府、企业和大量社会组织的关注与帮持，在乡村能人的带领下村民自组织完成了整村房屋重建。这样的一次重建，是对这个古老羌寨从建筑居住形式到村庄文化再到内部社会网络的巨大重构，完整记录下这样的过程也是为了探求在转变中新旧秩序衔接的组织方式，乡村能人在这过程中如何连接村庄与外界各方力量间的互动关系，又如何促成或破坏了自组织的运作。时下，政府在提倡社会治理创新与社会建设，但如何才能把社会建设落到实处，在笔者所在的研究团队看来应该在民间产生大量的自组织，通过这些团体的自我治理和团体间的协作互补，不但可以解决自身遇到的社会问题，而且这些自组织也能在社会中和谐共存。其中乡村是最重要也是最为基本的自治理小团体，我们的乡村自组织研究旨在提供将社会建设落到实处的方法。

本团队希望通过这个自组织过程的展示以及本团队的研究积累而提炼并丰富社区自组织研究架构。自组织的形成正是一个培育集体社会资本的过程，该过程中有以下几个重要步骤。①人群逐渐向某一方向聚集，从而增加了社会网的连接点，从而增进彼此的关系密切程度。②在小团体产生之后，内部的连接点就变多了，他们便在与其他人的关系上选择了疏远。③当团体内部形成认同感之后，成员便逐渐意识到与外部成员之间存在的区别，从而明确自身的成员身份。④形成团队目标，为目标实现制订集体行动计划，进而有序进行。⑤团体逐步演化出规范，以确保共同目标的顺利达成。（罗家德，2010）

自治理的成功建基在这样的自组织过程中，关系的、结构的与认知的因素培育了信任、互惠与声誉机制，促成自治理机制，进而保证了合作行为的持续。本团队正是从这样的分析架构入手，以田野资料叙述了在中国乡村中透过关系与网络结构形成了自组织过程中的能人治理。

　　自组织的过程带来了自治理机制中必需的最重要的信任机制、声誉机制和互惠机制，从而有了相互监督的机制，保障了以后自订规章、自我执行的顺利进行。而能人的动员，所动员的关系，动员的过程会形成一次又一次的自组织社会网的扩张与改变，而这张社会网内的社会资本，包括它的结构（封闭性、密度、关系强度），整个团体的动员和内部互动过程，也就是社会网动态性，团体成员的认同，以及共同遵守的"乡规民俗"，都是形塑信任、声誉、互惠与监督机制的关键。而外在的制度环境与政治环境则是重要的干扰变量，因为自订规章不能违反法律，"乡规民俗"也要符合社会一般道德，这是合法性的基础；尤其重要的是在今天中国特殊的政治环境下，政治力对能人的动员，自组织团体的形成以及社会网结构的影响都是不能忽视的。这是一个很庞大而复杂的分析架构，本团队试着从自组织的因素——能人及其角色功能开始，为云村的重建作一个自组织过程分析。同时，一个自组织的持续演化需要在能人的作用之下，促成成员随着环境的变化不断生成适应性的新规则与自治理机制，在这样的过程中能人是否决定着自组织的成败，这也是本研究尝试回答的问题。当然，能人只是这个架构的起始，有待更多的分析和研究成果。

（二）乡村自组织中的能人现象

　　中国的自组织现象始终是在独有的关系社会的特质背景下发生的，能人往往是一个社会网的中心人物，多数是由政治能人来承担这一角色。本文用一个村庄自组织的发生过程展示了这个网络内信任机制的建构。从云村的重建过程中可以看到，传统建基在血缘亲缘、固有规范的自组织模式，在被现代化冲击之后的乡村社会里遭受了一定的冲击，但这些传统规范在新形势下的自组织治理中仍能发挥作用，比如能人不但动员了封闭群体内的成员，并能在不同的圈子进行协调。能人可以利用原有的情感关系、封闭网络形成的信任进行自组织规则的制定与调整，并使信任的边界发生变化。在一个自组织网络形成后，人们可以通过特定的事件和情境经历来增加对外人的信任，发展与外部陌生人间的相互信任，而在这个过程中，能人不仅是桥梁，更是一个利益平衡者。另外，在云村的自组织过程中出现了一些新的特质，首先，最重要的能人除了村支书外，还有外来的重建辅导团队。团队通过努力，成为一个受信任的第三方，成为许多次谈判的中介力量，尽管在现代农村社区自组织发展的过程中这不是一个必要的现象，但基于在现代农村社区发展中越来越多的志愿精神和一些利益无关的第三方力量注入，发挥动员的作用，因此这一现象仍十分值得我们关注。我们在分析中国自组织动员的现状时，除了一个动态的角度和历史视野，还必须有一个当地的思维特征。中国人的行为取向是一种社会行为取向（或称为关系取向），个人在社会中处于致密有效的网络中，个人行为受小团体的内部非正式规范的影响和约束。私人关系和私人情谊更容易生发出自组织，在其运作中人情法则也显示了极强的适用性和制约；但随着成员不断增加和公共事务的扩张，增加人情法则会造成自组织可持续发展和操作的危机，人情法则和如何找到一个平衡点，成为自组织的一个问题。

从历史角度看，在中国传统社会由于封建专制和家天下，中国并没有真正意义上的公共社会，在这样环境下，人们不得不经营私人社会以弥补公共社会的匮乏。私人社会是义务取向、关系维系的，其中互惠和人情法则被遵守和发扬。私人社会的义务取向不但是一种主动遵守的取向，而且成为互动双方彼此一种社会期待。因此，这种关系维系不但有道德自觉，而且成为一种社会约束力。但是一旦人们脱离了私人社会而进入匿名社会那么私人社会的约束和规则就失去了约束力，人们必须要建立一种新的约束来适应匿名的公共社会的约束。中国公共社会的秩序很多时候是靠私人社会规则的延长，如人情法则、互惠等，而不重视契约精神。这对能人对自组织的长期治理产生很大的挑战。

同时，能人的个人特质，如社会经济地位、自身的行为、道德、声誉等也决定他们能够动员的社会关系和自组织机制的特点，并进一步影响能人的名声、威望在社会网络结构中的作用，也将最终决定自组织是否能实现合作目标和长期影响。乡村能人因为动员了自己在村庄内部长期积累和维护的关系网，从而动员完成的自组织也呈现封闭的社会网结构的特点，内部人较易相互认识，并制定共守的规则。这些提供了自组织成功必要的初始社会资本。

在云村的协力重建中，村支书与村民商讨出了一套监督和约束的方法，这样的约束性规范在共有资源供应阶段运行良好。但是在自组织的发展中各种机制的运行并非一成不变，自组织是一个开放的系统，在与外部资源和环境一次次互动的过程中，能人需要不断调整应对规则，并动员成员继续适应并产生新的自组织规范进行应对。对于整个团体的动员和内部互动过程，也就是社会网动态性，团体成员的认同，以及共同遵守的"乡规民俗"，都是形塑信任、声誉、互惠与监督机制的关键。而外在的制度环境与政治环境则是重要的干扰变量，因为自订规章不能违反法律但又要随着外部环境与资源的变化而进行调整，"乡规民俗"也要符合社会一般道德及社会发展，这是合法性的基础。尤其重要的是，在今天中国特殊的政治环境下，政治力对社会网结构的影响是不能忽视的。而在云村的重建中就展示了当自组织内部的规则无法随着网络内外部的发展变化而变化时动态的不平衡对规范的影响。笔者认为在云村政治能人带领村民使用完由社会组织提供的共有资源之后，需要村民开始投入私产以及面对大量政府行政逻辑分派下的公共资源时，没有及时调整规则规范。当面对村民的"理性"考量时，政治能人依旧希望用公平均分的方式承担成本，遭到各种抵抗和质疑。而当行政力量全面介入时，政治能人退守到政府代理人的位置，经济能人取得准入机会之后使用市场手段运作降低成本和获取效益，自组织内部的互惠机制被彻底破坏，而村庄内部的人情法则又使政治能人不愿出面得罪少部分利益获得者，在这个阶段，云村的自组织重建基本走向分裂。因此笔者认为当一次乡村自组织达成阶段性目标之后，如果一直参与制定规则的能人没有能力持续供应新的规范以及与社会结构相融合的新文化秩序的话，自组织无法持续行动下去。能人不仅通过动员自己的关系网，形成一个封闭的社会网结构，而且订立出共守的规则提供自组织成功必要的初始社会资本，同时在自组织的演化发展中也承担着关键角色。

四　社区营造的启示

乡村的社区营造从进入到开展阶段一定要始终贯通对发展的可持续性思考。营造过程不但是一个创造、享有资源的过程，更应该是一个制定规则、自我教育的过程，同时主体必须是社区，而非外界助力的过度膨胀。在建设团队开始做事的时候，与村民间的彼此沟通就必须要产生，如果在决策中缺少了当地人的参与的话，这个社区就会被计划项目等外在要求扭曲了它自助互助的本质。

人是社区的希望，当一个建设计划没有与社区的生活结合、没有居民的投入、没有居民的感情和认同因素的话，社区变成了外人的创业平台，而不是一个社区人的生活空间。

当一个事情真正让居民去做的时候，就会培养他们对这片土地的感情，给予他们参与感、责任感，这样他们才会维护成果、减少抱怨，不断培养自己的能力和学习力。因此，我们倡导的模式是通过当地人才与外力团队的相辅相成，乡村社区的发展实现社区自主、居民参与与资源共享，以助于全面乡村社区生活质量与文化价值。

探讨这个社会实验中的能人现象，我们并非一定要总结能人推进下的某种乡村发展的模式，而是希望通过这样的观察和研究，揭示这一社区自组织行动过程中的逻辑和原则，希望能够改变大家对于促进乡村发展的态度和关注点。在观察了很多案例，自己也做了一些实践之后，我永远觉得人是社区的一个真正的希望。我觉得现在很多的社区问题就是：人和人之间，或者这些力量和力量之间没有一个良性的互动。当然这个良性是什么样子，也是未来我希望一直去持续观察实践的。

参考文献：

罗家德，2010，《中国自组织规则的特色——以灾后社区重建为例》，两岸民间社会与公共参与学术研讨会，台湾静宜大学主办，2010 年 6 月 15 日。

Ostrom，E.，1998，"A Behavioral Approach to the Rational Choice Theory of Collective Action：Presidential Address"，*American Political Science Association*，92（1），pp.1–22.

罗家德、孙瑜等，2014，《云村重建纪事——一次社区自组织实验的田野记录》，社会科学文献出版社。

感谢为此书进行润稿和校稿的同学们，他们分别是：陈孟萍、石楠、郑超月、李岱璇、刘璐、易艾欣。

致谢

图书在版编目（CIP）数据

协商自治·社区治理：学者参与社区实验的案例／
李强等著. -- 北京：社会科学文献出版社，2017.12（2022.1 重印）
（社区营造专业教研书系. 本土案例系列）
ISBN 978 - 7 - 5201 - 1688 - 6

Ⅰ.①协…　Ⅱ.①李…　Ⅲ.①社区建设 - 研究 - 中国
Ⅳ.①D669.3

中国版本图书馆 CIP 数据核字（2017）第 267737 号

社区营造专业数研书系·本土案例系列

协商自治·社区治理
——学者参与社区实验的案例

著　　者／李　强　等

出 版 人／王利民
项目统筹／谢蕊芬
责任编辑／隋嘉滨
责任印制／王京美

出　　版／社会科学文献出版社·群学出版分社（010）59366453
　　　　　　地址：北京市北三环中路甲 29 号院华龙大厦　邮编：100029
　　　　　　网址：www. ssap. com. cn
发　　行／社会科学文献出版社（010）59367028
印　　装／唐山玺诚印务有限公司

规　　格／开 本：787mm×1092mm　1/16
　　　　　　印 张：13　字 数：142 千字
版　　次／2017 年 12 月第 1 版　2022 年 1 月第 5 次印刷
书　　号／ISBN 978 - 7 - 5201 - 1688 - 6
定　　价／49.00 元

读者服务电话：4008918866

▲ 版权所有 翻印必究